P9-ASB-831

rowohlts monographien
begründet von Kurt Kusenberg
herausgegeben von
Wolfgang Müller

Alfred Andersch

**mit Selbstzeugnissen
und Bilddokumenten
dargestellt von
Bernhard Jendricke**

Rowohlt

Dieser Band wurde eigens für «rowohlts monographien» geschrieben
Den Anhang besorgte der Autor
Herausgeber: Klaus Schröter
Mitarbeit: Uwe Naumann
Assistenz: Erika Ahlers
Schlußredaktion: Volker Weigold
Umschlagentwurf: Werner Rebhuhn
Vorderseite: Alfred Andersch (Foto Isolde Ohlbaum)
Rückseite: Titelseite der ersten Nummer des «Ruf» mit einem Leitartikel
von Alfred Andersch

Veröffentlicht im Rowohlt Taschenbuch Verlag GmbH,
Reinbek bei Hamburg, Juni 1988
Copyright © 1988 by Rowohlt Taschenbuch Verlag GmbH,
Reinbek bei Hamburg
Alle Rechte an dieser Ausgabe vorbehalten
Satz Times (Linotron 202)
Gesamtherstellung Clausen & Bosse, Leck
Printed in Germany
1290-ISBN 3 499 50395 6

3. Auflage. 13.–15. Tausend Mai 1994

Inhalt

Alfred Andersch bei der Verleihung des Nelly-Sachs-Preises in Dortmund 1968

Konturen

Wie kaum ein anderer Schriftsteller der Nachkriegsliteratur verkörpert Alfred Andersch den Typus des politisch engagierten Autors, der, kenntnisreich und streitbar zugleich, zu den Fragen seiner Zeit Stellung bezieht. Für Alfred Andersch war es undenkbar, die ästhetische Praxis vom politischen Bewußtsein zu trennen; Literatur und Kunst sah er als Zentren des Widerstands gegen die Selbstentfremdung und Unterdrückung des Individuums. In einem seiner letzten Bücher heißt es: *Jedes gelungene Kunstwerk ist Teil einer permanenten Revolution. Es gibt keine konservative Kunst.*[1]* Schreiben war für ihn Ausdruck gesellschaftlichen Denkens. Sein Verständnis von der sozialen Verpflichtung des Schriftstellers, mit der er sich in seinen Schriften immer wieder auseinandergesetzt hat, definierte er, gleichsam als Vermächtnis, kurz vor seinem Tode mit den Worten: *So wäre denn der öffentliche Auftrag an den Schriftsteller klar: er wird gebeten, am Frieden mitzuarbeiten.*[2]

Alfred Andersch hat sich nicht gescheut, öffentlich Tabus anzugreifen und sich gegen den Zeitgeist zu stellen. Seiner eigensinnigen Haltung wegen, mit der er nicht selten auch Schriftstellerkollegen und politische Freunde irritierte, wurde er als Einzelgänger angesehen. Seine kommunistische Vergangenheit, die er nie verleugnete, und sein Bekenntnis zum Marxismus machten ihn, zumal in der Hochphase des Kalten Krieges, zu einem Außenseiter und trugen ihm Anfeindungen und Verleumdungen ein.

Was er in den fünfziger Jahren als Entdecker, Förderer und Programmatiker für die Nachkriegsliteratur und ihre Autoren geleistet hat, hätte ausgereicht, ihn zu einem «Literaturpapst» werden zu lassen. Daß er diese Gelegenheit ohne Bedauern verstreichen ließ, hatte mit seiner tiefsitzenden Abneigung gegen den offiziellen Literaturbetrieb zu tun, den er zu gut kannte, um als einer seiner Repräsentanten in Erscheinung treten zu wollen.

Es dauerte lange, ehe er sein Lebensziel, als ‹freier Autor› schreiben zu können, erreicht hatte. Als sein erster Roman erschien, war er 43 Jahre alt. Faschismus und Krieg hatten aus ihm einen literarischen Spätbeginner gemacht.

---

* Die hochgestellten Ziffern verweisen auf die Anmerkungen S. 127 f.

Jugend und Elternhaus

Ein Buch geht aus der Erinnerung eines Schriftstellers hervor, spiegelt eine kollektive Erinnerung und mündet in die Erinnerung des einzelnen Lesers.[3] Die Erinnerung, die das Leben und Werk von Alfred Andersch prägte, ging hervor aus der entscheidenden kollektiven Erfahrung dieses Jahrhunderts: Krieg und Faschismus. Die Erinnerungsarbeit des Schriftstellers Andersch ist eine kontinuierliche Auseinandersetzung mit der jüngsten deutschen Geschichte, mit der Frage nach der Unvermeidlichkeit ihres Verlaufs. Schon das früheste Bild aus der Kindheit, das Andersch sich ins Gedächtnis zurückruft, steht unter dem Eindruck der fehlgeschlagenen politischen Entwicklung in Deutschland. Als Fünfjähriger wird er Augenzeuge, wie nach der gescheiterten Münchner Räterepublik gefangene Rotarmisten zum Hinrichtungsplatz getrieben werden. Aus den Konturen der Erinnerung entsteht *ein dunkler, schmutziger Frühlingstag, an dem sie Menschen in langen Reihen die Leonrodstraße in Mün-*

Gefangene Rotgardisten werden nach dem Scheitern der Räterepublik zur Hinrichtung geführt

Das Elternhaus in der Neustätter Straße 6, München-Neuhausen, wo die Eltern seit 1915 wohnten

chen entlangführten, in Richtung auf das Oberwiesenfeld zu, um sie in den weiten Höfen, vor den Garagenwänden des «Kraftverkehr Bayern» zu erschießen. Die erschossen werden sollten, hatten die Hände über den Kopf erhoben, vor Müdigkeit lagen die Hände lose gekrümmt auf den Köpfen, oder die eine Hand umschloß die andere am Gelenk. Lange Kolonnen, in unregelmäßigen Trupps, immer wieder kamen welche... Sah das vom Balkon unserer Wohnung in einer Seitenstraße aus, aber verstand es damals noch nicht.[4]

Nur wenige 100 Meter von dem Ort entfernt, wo das Blutbad stattfand, steht das Geburtshaus von Alfred Andersch. Am 4. Februar 1914 wurde er im Münchner Stadtteil Neuhausen geboren. Die elterliche Wohnung lag im Erdgeschoß des Anwesens Nr. 5 in der Olgastraße, einer versteckten und unscheinbaren Seitenstraße in der Nähe der Prinz-Leopold-

Kaserne. Ein Jahr nach Alfreds Geburt bezog die Familie Andersch eine größere Wohnung, nur zwei Häuserblocks von der früheren entfernt, in der Neustätter Straße.

Neuhausen, im Nordwesten der zu dieser Zeit noch königlichen Haupt- und Residenzstadt München gelegen, zählte keineswegs zu den Glanzpunkten der bayerischen Metropole. In dem Gebiet zwischen Rotkreuzplatz, Oberwiesenfeld, Dachauer und Arnulfstraße, wo Andersch zur Welt kam und den größten Teil seiner Jugendjahre verbrachte, lebten damals vor allem Fabrikarbeiter, Handwerker, kleine Angestellte und Kaufleute; das Münchner Bildungs- und Besitzbürgertum hielt sich von Neuhausen möglichst fern. So war dort auch wenig zu spüren vom Fluidum des geistig anregenden und kulturfreudigen Lebens, das die Stadt angeblich ausstrahlte und dem Thomas Mann mit den Worten «München leuchtete» ein Motto verliehen hatte. Anders als im benachbarten Schwabing konnte man in Neuhausen kaum auf den Gedanken verfallen, flanierend die Atmosphäre der Stadt auf sich wirken lassen zu wollen. Wo Andersch aufwuchs, *gingen nur die Kinder und Jugendlichen gern auf die Straße*[5].

Nicht die Aura der Kunst und Kultur, auf die die Repräsentanten Münchens so betont stolz waren, prägte das Erscheinungsbild Neuhausens, sondern die Tristesse des Militärwesens. Hier im 21. Bezirk hatte die Landeshauptstadt ihr Kasernenviertel. Das düstere Milieu der Kriegsschulen, Zeughäuser und Militärlazarette entlang der Blutenburg- und Leonrodstraße bot dem jungen Andersch einen deprimierenden Eindruck. In dem autobiographischen Bericht *Die Kirschen der Freiheit* schildert er sein Stadtviertel als eine *Landschaft verwaschener Häuserfronten, toter Exerzierplätze, aus roten Ziegelwänden zusammengesetzter Kasernen*[6]. Im Unterschied zu seinem Vater konnte er in dieser Umgebung niemals heimisch werden.

Im Jahre 1912 war die Familie Andersch – Vater Alfred, seine Ehefrau Hedwig und ihr dreijähriger Sohn Rudolf – von Linz in Oberösterreich nach München gezogen. Ihrer Herkunft nach waren die Eltern sehr verschieden. Hedwig Andersch entstammte einer österreichisch-tschechischen Handwerkerfamilie, Alfred Andersch senior, geboren 1875, gehörte zur weitläufigen Nachkommenschaft einer vor Generationen nach Ostpreußen ausgewanderten Hugenottenfamilie. Die französischen Vorfahren trugen den Namen de André. Sie gehörten zur adligen Oberschicht von La Rochelle, einem der befestigten Sicherheitsplätze, die den Hugenotten im Edikt von Nantes zugesprochen worden waren. Als gegen Ende des 17. Jahrhunderts unter dem «Sonnenkönig» Ludwig XIV. die Ausübung des protestantischen Bekenntnisses unter Strafe gestellt wurde, teilten die de Andrés das Schicksal von Hunderttausenden ihrer Glaubensbrüder, die, aller politischen Rechte beraubt, aus Angst vor Verfolgung ins Ausland flohen. Man schätzt, daß allein mehr als 20000

Die Großeltern väterlicherseits (Mitte).
Rechts: Hedwig Andersch mit ihren Söhnen Rudolf und Alfred

hugenottische Réfugiés in Brandenburg-Preußen Schutz suchten. Dessen Regent, der «Große Kurfürst» Friedrich Wilhelm, hatte bald erkannt, daß die Bildung und der Gewerbefleiß der ausländischen Flüchtlinge für den Aufbau seines noch jungen Staates von großem Nutzen waren. Auf dem Weg in die Emigration legten die Andrés das Adelsprädikat «de» ab; ihr Familienname wurde im Laufe der Jahrzehnte über «Andreas» in «Andersch» umgewandelt.

Die französischen Vorfahren siedelten sich in einer der hugenottischen Kolonien an, die um 1700 in Ostpreußen entstanden; von dort aus verzweigt sich ihr Stammbaum. Über die weitere Familiengeschichte ist nur wenig Genaues überliefert. Immerhin steht fest, daß aus der Nachkommenschaft der hugenottischen Auswanderer eine Anzahl von Kaufleuten und Pastoren hervorging. Einer der in Ostpreußen ansässigen Nachfahren wurde bekannt, weil sich sein Lebensweg mit demjenigen des Königsberger Philosophen Immanuel Kant kreuzte. Zwischen 1747 und 1751, nach Abschluß seines Universitätsstudiums, arbeitete der damals mittellose Kant als Hauslehrer in Judtschen, einem Dorf zwischen Gum-

Das erste Antiquariat des Vaters, Teplitz 1910

binnen und Insterburg. Er unterrichtete dort die drei Söhne des refor-
mierten Geistlichen Daniel Andersch.

Seit dem 19. Jahrhundert erstreckt sich die Linie der Nachkommenschaft von Brandenburg-Preußen über die Rheinprovinzen, Württem-
berg und Österreich bis ins Königreich Bayern. Alfreds Großvater,
Professor Rudolf Andersch, lehrte Philologie am Gymnasium in Bad
Cannstatt, bevor er Ende der siebziger Jahre des vorigen Jahrhunderts
einem Ruf an die Residenz von Regensburg folgte. Dort wurden ihm
Aufgaben als Erzieher am Hof des Fürsten von Thurn und Taxis übertra-
gen, eine Stellung, die nicht nur hohes öffentliches Ansehen verschaffte,
sondern ihm auch ein Leben in Wohlstand ermöglichte. Verankert im
bildungsbürgerlichen Traditionsmilieu, legte er bei der Ausbildung seiner Söhne großen Wert darauf, ihr Interesse an Kunst und klassischer
Literatur und ihre musischen Fertigkeiten zu fördern. Zu künstle-

rischem Erfolg brachte es sein Sohn Rudolf. Er übersiedelte ins Rheinland und wurde dort in den zwanziger Jahren als akademischer Maler bekannt. Dessen Bruder Alfred hingegen wählte einen bürgerlichen Beruf. Er wurde Antiquariatsbuchhändler, was seiner Neigung zur Literatur, die im Elternhaus geweckt worden war, noch am ehesten entsprach. Um die Jahrhundertwende verschlug ihn seine berufliche Tätigkeit ins damals zur österreichischen k.u.k.-Monarchie gehörende Böhmen, nach Marienbad.

In Marienbad lernte er seine spätere Frau Hedwig Watzek kennen, die in Böhmen geboren und aufgewachsen war. Hedwig stammte aus Turn,

Hochzeitsbild der Eltern, 1905

einem Dorf in der Nähe von Teplitz am Rand des Riesengebirges. Sie war in einer kinderreichen Familie groß geworden, die in sehr einfachen Verhältnissen lebte. Ihrem Vater, Franz Watzek, von Beruf Töpfermeister und Nadelmacher, gelang es trotz großen Fleißes nicht, sich und seiner Familie ein mehr als nur bescheidenes Auskommen zu ermöglichen. In mühevoller Heimarbeit wurde während der Wintermonate die Ware hergestellt, die die Eltern im Sommer auf langen Wandertouren als fahrende Händler verkauften. Solange die Eltern unterwegs waren, mußte Hedwig ihre jüngeren Geschwister versorgen. Oft reichten die Einnahmen nur aus, um gerade das Überleben zu sichern. Trotz der bedrängenden finanziellen Lage ermöglichten die Eltern ihren Kindern eine musikalische Ausbildung. In der Familie Watzek wurde häufig musiziert, eine Schwester Hedwigs machte in einem Damenorchester eine bescheidene Karriere als Violonistin.

Alfred Andersch hat seine Mutter, mit der ihn bis zu ihrem Tod im Alter von 92 Jahren eine innige Zuneigung verband, als *unglaublich tüchtige, lebenstüchtige Frau*[7] charakterisiert. Aus den Erfahrungen in ihrer Jugend hatte sie die *liebenswürdige Entschlossenheit*[8] gewonnen, mit der sie sich um das Wohl ihrer Angehörigen kümmerte. Im schroffen Gegensatz zum gütigen und warmherzigen Naturell der Mutter steht das Erscheinungsbild des Vaters. Der Beschreibung seines Sohnes nach verkörperte er den Typus des autokratisch denkenden Familienoberhauptes: *der beherrschende Eindruck innerhalb der Familie… war der Vater, der eine ausgesprochen autoritäre Figur war, dazu noch vom Temperament her leidenschaftlich, ein leicht aufbrausender, auch im positiven Sinn aufbrausender Mann, der durch seine ganze Anschauung geprägt war vom Deutschnationalen*[9]. Ausgestattet mit dem Habitus eines wilhelminischen Offiziers und zum Jähzorn neigend, gehörte sein großes Interesse der nationalistischen Politik, genauer gesagt dem Traum vom Großdeutschen Reich. Alfred fühlte sich seinem Vater in einem Ineinander aus Zuneigung, Mitleid und politischer Gegnerschaft verbunden. *Ich spreche sehr schlecht von meinem Vater, den ich aber in seiner Art geliebt habe. Das klingt sehr komisch, aber ich mochte meinen Vater, mitsamt seinen menschlichen Schwächen.*[10]

Der Erste Weltkrieg und die katastrophalen wirtschaftlichen Verhältnisse nach 1918 stürzten die Familie Andersch in ein finanzielles Desaster. Alfred Andersch senior war als Truppenoffizier an der Westfront eingesetzt gewesen und hatte wegen seiner Tapferkeit zahlreiche Auszeichnungen und Orden erhalten. Als er, der fanatische Kämpfer für die «patriotische Sache», nach der Kapitulation im November 1918 *mit Dekorationen und Verwundungen übersät*[11] dem Zug entstiegen war, der ihn in das von Hunger, Arbeitslosigkeit und Wohnungsnot gezeichnete München zurückgebracht hatte, *wurden ihm von Revolutionären die Achselstücke heruntergerissen. Er kam nach Hause, nicht nur ein geschlagener, sondern*

Hedwig Andersch mit ihren Söhnen Rudolf und Alfred, 1916

auch ein entehrter Held, und führte von da an ein halbmilitärisches Leben in Verbänden weiter.[12]

So verbittert über den Ausgang des Krieges, daß er *die Niederlage Deutschlands zu seiner eigenen*[13] machte, dadurch in seinem nationalen Fanatismus aber noch bestärkt, fand sich Alfred Andersch senior beruflich nicht mehr zurecht. An Antiquariatsbuchhändlern war in der ausge-

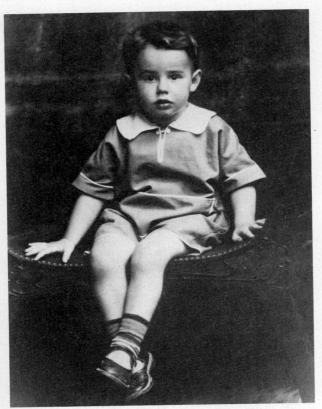

Alfred Andersch im Alter von vier Jahren

zehrten Stadt ohnehin wenig Bedarf. Seine Versuche, sich in der ökonomischen Krisensituation der Nachkriegszeit als Immobilienhändler und
als Vertreter verschiedener Versicherungsgesellschaften zu etablieren,
scheiterten wiederholt und stürzten die Familie in immer größere Schul-
den. Im Zivilberuf glück- und erfolglos, setzte er sich zusehends für die
«nationalen Belange» ein.

Nachdem die Räterepublik durch die militärische Übermacht der konservativen und konterrevolutionären Kräfte zerschlagen worden war, fan-
den die allerorts entstehenden nationalistischen und militaristischen
Gruppierungen im reaktionären Klima Münchens ein besonders günsti-
ges politisches Umfeld vor. Das für die Anhänger der Konterrevolution
wichtigste Sammelbecken in Bayern war die antisemitisch-nationalisti-

sche «Thule-Gesellschaft». Im August 1918 rief der als gerichtsnotorischer Hochstapler bekannte Rudolf Glauer alias Baron von Sebottendorf im Münchner Hotel «Vier Jahreszeiten» die «Thule» ins Leben.[14] Der Münchner Verband zählte Ende dieses Jahres rund 250 Mitglieder. Darunter waren nicht wenige, die einige Jahre später in die Führungs-Clique der Hitler-Partei aufsteigen sollten. Zu den Gründern der «Thule» gehörte neben Rudolf Heß, der 1933 in der NSDAP zum «Stellvertreter des Führers» avancierte, Karl Fiehler, dem späteren Nazi-Oberbürgermeister von München, Alfred Rosenberg, Anton Drexler, dem Vorsitzenden der Deutschen Arbeiter-Partei (aus der die NSDAP hervorging), und Julius F. Lehmann, dem Alldeutschen Verlagsbuchhändler, auch der Reserveoffizier Alfred Andersch. Seine politischen Aktivitäten reichten aber noch weiter. Als 1920 die NSDAP ausgerufen wurde, trat er ihr als einer

Familie Andersch,
um 1920

Anhänger der NSDAP am Morgen des 9. November 1923 auf dem Marsch zur Feldherrnhalle, München

der ersten bei. Als glühender Anhänger und bedingungsloser Parteigänger General Ludendorffs nahm er auch aktiv am Umsturzversuch vom November 1923, dem sogenannten Hitler-Putsch, teil. Er wurde verhaftet, kam jedoch schon nach drei Tagen wieder frei.

Alfred, der zweitälteste von den drei Söhnen der Familie Andersch – 1921 kam Otto Martin zur Welt –, geriet nur wenig nach den Vorstellungen des Vaters. Den nationalistischen und antisemitischen Tiraden, die er im Elternhaus oft genug zu hören bekam, ging er möglichst aus dem Weg, legte aus Trotz und Selbstbehauptung eine einzelgängerische Haltung an den Tag und verschloß sich häufig in Grübeleien. Im Rückblick auf seine Jugendjahre hat Alfred Andersch diese zurückgezogene Haltung zu erklären versucht mit der Ödnis und Eintönigkeit des familiären und städtischen Milieus, das ihm tagtäglich vor Augen stand. Äußerlich *lief meine Kindheit ab wie ein Uhrwerk. Wenn ich an sie denke, ergreift mich wieder das Gefühl der Langeweile, das mich umklammert hielt.*[15] Einen scheinbaren Ausweg aus dem dauernden *Gefühl faden Wartens*[16] fand er schon früh in der Bekanntschaft mit der Welt der Kunst und Literatur. Im lesefreudigen Elternhaus herrschte der Brauch, an Festtagen die Kinder mit Büchern zu beschenken. An Weihnachtsabenden etwa war es ein gewohntes Bild, daß, sofort nachdem die Buchpakete verteilt waren, sich die drei Brüder, jeder für sich still in eine Ecke zurückgezogen, in die

Lektüre vergruben.[17] Im Unterschied zu seinem älteren Bruder Rudolf, der sich an allem begeisterte, was von der deutschen Militärgeschichte, besonders aber von der kaiserlichen Kriegsflotte handelte, interessierte sich Alfred nur für die sogenannte schöngeistige Literatur. Im Hause von Alfred Andersch senior gab es eine umfängliche Bibliothek mit den bedeutendsten Werken der deutschen Klassik von Hölderlin bis Schiller, des Biedermeier, der Romantiker und des epigonalen Klassizismus der Wilhelminischen Ära. Außerdem besaß der Vater auch zahlreiche Übersetzungen aus der Weltliteratur.

Der vertraute Umgang mit Büchern weckte bei Alfred, kaum daß er lesen gelernt hatte, den Wunsch, Schriftsteller zu werden. Als ihm mit neun oder zehn Jahren beim Stöbern im väterlichen Bücherschrank eine Shakespeare-Ausgabe (in der Übersetzung von Schlegel und Tieck) in die Hände fiel, war er davon so fasziniert, daß er voll kindlicher Naivität daran ging, auf großen Bogen Kanzleipapiers Königsdramen «im Stil» Shakespeares zu entwerfen. Das umfangreiche Konvolut hat seine Mutter noch jahrelang aufbewahrt. Auch soll er in diesen Jahren ein Stück über die hugenottische Herkunft der Anderschs geschrieben haben.[18]

Die frühen Lektüreerfahrungen und das eigene, noch ziellose und unbeholfene plagiative Schreiben bildeten Gegen-Welten zu den Ansprü-

General Ludendorff

*Hedwig Andersch mit ihren Söhnen Alfred (links), Rudolf
(Mitte) und Martin (im Kinderwagen), um 1922*

chen und Wertvorstellungen, die dem Jungen von der Umwelt, von der er
sich eingeengt fühlte, angetragen wurden. Die Schule absolvierte er nur
mit Widerwillen. Trotz der neuen Zeit immer noch starr nach den wilhelminischen Erziehungsvorstellungen ausgerichtet, war sie wenig geeignet,
Alfreds literarische Interessen und künstlerische Neigungen zu fördern.
Unter großen finanziellen Anstrengungen konnte der Vater seinen beiden älteren Söhnen den Besuch des renommierten Wittelsbacher Gymnasiums ermöglichen. In dieser in München und in ganz Bayern hochange-

sehenen Erziehungsanstalt herrschte noch ein autoritäres und monarchistisches Klima, verkörpert vor allem durch den Direktor Gebhard Himmler, der stolz war auf seinen Titel als Lehrer und Erzieher des Kronprinzen, den ihm das bayerische Königshaus verliehen hatte. Alfred reagierte auf die Schule mit demonstrativem Desinteresse. *In der Eingangshalle des Wittelsbacher Gymnasiums konnten mich nur die Aquarien fesseln, die an den südlichen Fenstern standen, so daß die Sonne durch das grüne Wasser und das Gold der Fischleiber hindurchschien; ich wartete auf die Naturkunde-Stunden bei Professor Burckhardt, nicht weil mich das Fach interessierte, sondern weil mich der rothaarige, weißhäutige Mann anzog, der, wenn er das Klassenzimmer betrat, einen gereizten Blick aus von den schweren Gläsern und buschigen Brauen geschützten Augen in die Runde warf, ehe er den Unterricht begann.*[19]

Mit Mühe und Not schaffte der äußerst faule Schüler die unteren Klassen. Seine Lehrer scheinen zwar die Phantasiebegabung und Intelligenz des frühreif wirkenden Andersch erkannt zu haben, konnten und wollten aber nicht akzeptieren, daß er sich ihren Regeln entzog. *Sie hätten besser daran getan, einzusehen, daß ich überhaupt nichts «lernen» wollte; was ich wollte, war: schauen, fühlen, begreifen.*[20] Solche Lernziele waren im Lehrplan allerdings nicht vorgesehen.

Das Wittelsbacher Gymnasium in München

*Alfred Andersch im Schulhof des Wittelsbacher Gymnasiums, Frühjahr 1928
(hintere Reihe, sechster von links)*

Mit einer Anekdote illustrierte ein ehemaliger Mitschüler, wie Andersch sich mit Phantasie und Kaltblütigkeit zu behaupten versuchte. Den Schülern der Klasse 3 B war aufgetragen worden, einen Aufsatz vorzulegen zu dem unsäglichen Thema ‹‹Auf leisen Sohlen in der Nacht kommt doch der Lenz gegangen›, einen bloßen Übungsaufsatz, denn der Klaßleiter Dr. Müller wußte, daß Dreizehnjährige erst einmal üben mußten. ‹Andersch, lies vor!› Der Aufgerufene trat links neben die doppelsitzige Bank und ließ, das Heft in der Hand, etwas von dem Schnee verlauten, der gestern noch von den Ästen tropfte, während heute schon ganz zartes Grün hervorsprießt. Eine ganze lange Minute fuhr er naturschildernd fort, und das war eine ziemliche Leistung, denn er hatte gar keinen Aufsatz im Heft... Uns Schülern hat dieses Kunststück mächtig imponiert.»[21] Bei den Lehrern hingegen stießen Anderschs Mogeleien auf wenig Verständnis. Bereits zum Ende des Schuljahres 1926/27 hatte Alfreds Bruder Rudolf wegen mangelnder Leistungen das Wittelsbacher Gymnasium verlassen müssen. Weihnachten 1927 stand die warnende Bemerkung «äußerst gefährdet» in Alfreds Zeugnis. Wegen ungenügender Leistungen in Mathematik, Latein und Griechisch sollte er die vierte Klasse wiederholen. Am 29. April 1928 trat er, ohne einen Abschluß erreicht zu haben, aus dem Gymnasium aus. Kurze Zeit später begann er wie sein Bruder Rudolf mit einer Buchhändlerlehre. Der Vater hatte ihm eine Lehrstelle im Münchener Wega-Verlag besorgt.

Die politischen Lehrjahre

Diskussionen über seine politischen Anschauungen, gar Kritik an seiner Haltung ließ der Vater nicht zu: ... *eine eigentliche Gesprächsmöglichkeit mit meinem Vater gab es nicht.*[22] Je älter Alfred wurde, um so mehr wuchs die Entfremdung zwischen den beiden. *Das Gefühl, das Menschen wie meinen Vater erfüllt hat, war ja bezeichnend für die ganze Situation der Weimarer Republik. Der nationalistische Fanatismus meines Vaters ist mir von einem bestimmten Augenblick an als unsinnig erschienen. Und ich habe wohl, bewußt oder unbewußt, nach anderen Lösungen gesucht, zumal ja die Anschauungen meines Vaters verbunden waren mit einem völligen Versagen in einem sogenannten Friedensberuf als Kaufmann. Auch er geriet in den Strudel der ökonomischen Krise und versuchte, sie mit irgendwelchen nationalistischen Ideologien zu erklären. Ich hatte also ständig ein Beispiel dieses totalen Versagens vor mir.*[23] In den ausgehenden zwanziger Jahren unternimmt der junge Andersch häufig imaginäre Ausbruchsversuche aus der bedrängenden Enge. *Ich aber floh, wenn ich Zeit hatte.*[24] Eine Flucht ohne Zielpunkt, in naturromantische Empfindungen und ästhetische Imaginationen, immer auf der Suche nach dem *Aroma der Kunst*[25], das ihm sein unbefriedigendes Leben erträglicher erscheinen läßt. Ein bevorzugter Rückzugsort, den der heranwachsende Andersch häufig aufsucht, ist der Park von Schloß Schleißheim, unweit von München gelegen und mit dem Rad von Neuhausen aus in einer Stunde zu erreichen. *Ich fand, auf einer Bank im Park von Schleißheim sitzend, was ich an den Sonntagvormittagen, wenn der Eintritt frei war, auf den Bildern der Pinakothek suchte, im grünen Schmelz der Madonna Grecos, im Grau und Rosa einer Verkündigung Lippis, im klaren Traum-Venedig Canalettos – das Aroma der Kunst. Das perlhafte Weiß der Gartenfront des Schlosses drang in mich ein, während ich in den Gedichten Verlaines oder in Wolfensteins Rimbaud-Übertragungen las. Ich träumte wieder von der Unbekannten, die schon so oft im Traum vor mir gestanden, empfand A schwarz, E weiß, I rot, U grün, O blau, Vokale, im Blüten-Anblick drängend zu mir hergetrieben, und bildete mich auf diese Weise, wie man wird sagen können, autodidaktisch heran. Vergaß so die Toten der Revolution, die Langeweile von Neuhausen, die Schulmisere, die Deklassiertheit meiner kleinbürgerlichen Familie ... und begann mein eigenes Leben, indem ich durch die Gitterpforte der Pubertät und des Schlosses zu Schleißheim in den Park der Literatur und Ästhetik eintrat.*[26] Er wird immer wieder umgetrieben von der quälenden Ahnung, daß *hinter dem Leben, das ich im Augenblick lebte, noch tausend andere Leben auf mich warteten*[27].

Während in der elterlichen Wohnung in der Neustätter Straße häufig «Kampfgefährten» aus völkisch-nationalistischen Organisationen zu Gast waren, las Alfred in seinem Zimmer heimlich die «Arbeiter-Illustrierte-Zeitung», die Zeitschrift aus dem KPD-nahen Münzenberg-Verlag, eines der berühmtesten Blätter während der Weimarer Republik. Mit Bitterkeit registrierte der Vater, daß Alfred sich immer mehr dem Lager des verhaßten politischen Feindes zuwandte. Die politökonomischen Analysen, die Theorien und die Ideenwelt des Kommunismus waren eine fesselnde Entdeckung, sie zeigten ihm das *absolut Neue und Andere, und witternd sog ich das Aroma von Leben ein, das mir half, mich aus meiner kleinbürgerlichen Umwelt zu befreien. Das Wort Revolution faszinierte mich. Mit der Schnelligkeit jähen Begreifens vollzog ich den Übertritt von den nationalistischen Doktrinen meines Vaters zu den Gedanken des Sozialismus, der Menschenliebe, der Befreiung der Unterdrückten, der Internationale und des militanten Defaitismus.*[28] Als Buchhandelslehrling begann er, die sozialkritischen Romane Upton Sinclairs und die Schriften von Romain Rolland und Henri Barbusse zu lesen. Er beschäftigte sich mit den Stücken Bertolt Brechts und den Büchern Lion Feuchtwangers, besorgte sich die Publikationen der Dritten Internationale und versuchte sich an den wissenschaftlichen Untersuchungen von Eugen Varga und an Nikolaj Bucharins Studien zum dialektischen Materialismus. Schließlich lernte er auch die wichtigsten Texte der sozialistischen Klassiker Marx, Engels und Lenin kennen. Durch seine autodidaktischen Leseerkundungen bekam er Ende der zwanziger Jahre Zugang zu Kreisen der Gewerkschaftsjugend und des Kommunistischen Jugendverbandes (KJV).

Der Vater erkrankte schwer. Ein Granatsplitter aus dem Krieg, der noch in seinem Bein steckte, schwärte aus, und die Wunde schloß sich nicht mehr. *Ich sah die Zehen seines rechten Fußes vom Brand schwarz werden und sah, wie er ins Krankenhaus geschafft wurde, wo man ihm das rechte Bein abnahm. Wieder einmal kehrte er in unsere schon Spuren des Elends zeigende Kleinbürgerwohnung geschlagen zurück.*[29] Seine letzte Lebensphase war eine *zwei Jahre dauernde Agonie aus Morphiumräuschen und Schmerzanfällen*[30]. Um der Familie über seinen Tod hinaus die finanzielle Versorgung zu sichern, nahm er ein qualvolles Sterben auf sich. *Mein Vater wäre durchaus der Mann gewesen, diesem Leben selbst ein Ende zu bereiten. Aber dann wäre er nicht als «hundertprozentig Kriegsbeschädigter» gestorben, wie es in der entsetzlichen Sprache des Versorgungswesens heißt, und meiner Mutter wäre nach seinem Tod keine Rente zugefallen. So nahm er es auf sich ... dem Tod entgegengemartert*

24

zu werden.[31] 1929 erlag Alfred Andersch senior, vereinsamt und von seinen politischen Freunden im Stich gelassen, mit 54 Jahren seinem Leiden.

Wenige Monate später trat sein sechzehnjähriger Sohn dem Kommunistischen Jugendverband bei. Der letzte Anstoß hierzu war vermutlich die drohende Arbeitslosigkeit nach Abschluß seiner Lehre. Zu jener Zeit inmitten der Weltwirtschaftskrise, waren bereits 75 000 Menschen in München ohne Arbeit. *Als ich diese Lehre hinter mir hatte, stand ich auf der Straße, und es war unmöglich, Arbeit zu finden. Marxistisch gesehen komme ich aus einer kleinbürgerlichen Familie. Die Entscheidung für den Kommunismus war selbstverständlich auch ein Protest gegen das Elternhaus, gegen die Unfähigkeit des Elternhauses, mir die Verhältnisse zu erklären, aber sie war auch wirkliche Überzeugung. Ich... bin nicht einfach aus irgendeinem leeren Protestimpuls zu den Kommunisten gelaufen, sondern aus Überzeugung.*[32] Mit dem Bekenntnis zur kommunistischen Bewegung versuchte Andersch sich eine eigenständige politische Identität zu schaffen. Ihn begeisterte die Verbindung von Wissenschaft mit dem *Geiste der Revolution*[33], die analytische Klarheit des dialektisch-materialistischen Denkens, das sich nicht mit der Theorie begnügen, sondern in der Praxis der revolutionären Veränderung verwirklicht werden wollte.

Mit achtzehn Jahren wurde Andersch, trotz seiner *Herkunft als «kleinbürgerlicher Intellektueller»*[34], Organisationsleiter und Bildungsbeauftragter des KJV Südbayern. Er führte Schulungskurse und Bildungsveranstaltungen für KJV-Mitglieder und Arbeiterjugendliche durch und verfaßte gelegentlich Artikel für das Parteiorgan «Neue Zeitung». Im politischen Geschehen fiel er besonders auf durch sein Eintreten gegen den «Freiwilligen Arbeitsdienst». Diese staatliche Maßnahme, die später unter dem Nationalsozialismus obligatorisch wurde, war angeblich gedacht als Hilfe für Arbeitslose. Andersch, mit seiner profunden Abneigung gegen alles Militärische, hatte sofort durchschaut, daß sich hinter dem «Arbeitsdienst» nichts anderes verbarg als eine Vorschule zum Kriegsdienst, in der arbeitslosen Jugendlichen militärisches Denken und Verhalten beigebracht werden sollte.

Zu Beginn der dreißiger Jahre spitzten sich die politischen Verhältnisse dramatisch zu. Die von der SPD geführten Reichsregierungen waren mit ihren sozialen Reformprogrammen endgültig gescheitert, und die konservativen und nationalistischen Kräfte setzten wesentliche Teile der republikanischen Verfassung außer Kraft. So hatten sie die notwendigen Mittel zur Hand, um zu verhindern, daß die anhaltende Massenarbeitslosigkeit in eine soziale Revolution umschlug. Und die Nationalsozialisten erhielten, dank kräftiger finanzieller Unterstützung durch die Großindustrie, immer stärkeren Zulauf.

Den Faschisten kam zugute, daß die Arbeiterparteien SPD und KPD sich bis zuletzt gegenseitig bekämpften, anstatt ihre Kräfte zu sammeln und gemeinsam gegen den Nationalsozialismus einzusetzen. Die Einheitsfront innerhalb der Arbeiterbewegung, die notwendig gewesen wäre, um den Faschismus aufzuhalten, scheiterte an den unversöhnlichen ideologischen Gegensätzen zwischen den beiden Parteien. Nicht selten kam es deswegen auch zu Handgreiflichkeiten. Einmal war Andersch selbst an einer Saalschlacht zwischen Sozialdemokraten und Kommunisten beteiligt. Bei einer Veranstaltung des sozialdemokratischen Reichsbanners Schwarz-Rot-Gold im Münchner Gewerkschaftshaus wurden die jungen Genossen des KJV, die daran teilnehmen wollten, aus dem Saal geprügelt.

Rückblickend auf die Fehler und Versäumnisse seiner Partei stellte Andersch – selbstkritisch und ohne Schuldzuweisungen zu treffen – fest, daß *die kleine, versprengte Partei in der bayerischen Diaspora, fern von den Kämpfen in der Berliner Zentrale*[35], sich wie gelähmt verhalten hatte angesichts der Erfolge der Faschisten. Selbst als im Januar 1933 die braunen Truppen schon triumphierend durch die Straßen zogen, wurde im Parteilokal in der Volkartstraße noch über die politische Lage diskutiert, statt die, wie Andersch später meinte, einzig richtige Entscheidung zu treffen und zum bewaffneten Widerstand überzugehen. *Wieviel besser müssen unsere Reden und Debatten gewesen sein, als die Realität, die wir schufen, denn es wurde immer dunkler um uns... Was dann kam, war nicht die Revolution. Mit aufgerissenen Augen starrten wir der Niederlage in den Schlangenblick.*[36]

Mit der «Verordnung zum Schutz von Volk und Staat» vom 28. Februar 1933, für die der Brand des Reichstagsgebäudes in Berlin den willkommenen Vorwand geliefert hatte, begründeten die Nazis den permanenten Ausnahmezustand. Ihre Terrormaßnahmen richteten sich zunächst konzentriert gegen die politische Linke. Andersch wurde Augenzeuge, wie SA-Truppen das Gewerkschaftshaus in der Pestalozzistraße stürmten und die geschlagenen Gewerkschafter spießrutenlaufen ließen. Anders als in Berlin, in Hamburg oder im Ruhrgebiet kam es in München, von vereinzelten Schießereien abgesehen, zu keiner organisierten und bewaffneten Gegenwehr. Der Berliner Parteivorstand der KPD reagierte nicht mit Angriff, sondern verharrte in der Defensive und unterschätzte auch die Gefahr, die den Genossen für Leib und Leben drohte. Führende Funktionäre wurden angewiesen, sofort unterzutauchen. *Wir hatten jahrelang über die Illegalität geredet; jetzt hatte sie uns überfallen wie der Blitz aus heiterem Himmel. Wir hatten keine Waffen... Straff organisiert, durch die Kader der Partei ergänzt, mit einheitlichen Waffen versehen, hätten wir München in zwei Stunden in eine tobende Hölle verwandeln können.*[37]

Statt dessen rollte die Verhaftungswelle. Am 7. März meldeten die «Münchner Neuesten Nachrichten» die Festnahme von 65 Kommunisten. Am frühen Morgen des nächsten Tages wurde der neunzehnjährige Organisationsleiter des KJV Südbayern in seiner Wohnung verhaftet. Man brachte Andersch zunächst ins Polizeipräsidium an der Ettstraße, anschließend ins Gefängnis Stadelheim, einige Tage später nach Landsberg am Lech. Für die zynischerweise als «Schutzhäftlinge» bezeichneten Gefangenen hatte der «Reichsführer SS» und neu eingesetzte Münchner Polizeipräsident Heinrich Himmler spezielle Lager vorgesehen, die nicht von Polizeimannschaften, sondern von SA und SS kontrolliert werden sollten.

Das erste Konzentrationslager entstand, rasch improvisiert, in den Hallen und Baracken einer ehemaligen Munitionsfabrik in der Nähe von Dachau. Zu den 140 Häftlingen, die am 21. März 1933 dorthin verschleppt wurden, gehörte auch Alfred Andersch. Anfangs kam ihm überhaupt nicht zu Bewußtsein, daß er nun auf Leben und Tod der Willkür der SS ausgeliefert war. *Einem jungen jüdischen Genossen hatte man die Haare nicht völlig abgeschnitten, sondern ihm drei Streifen... durch sein dichtes schwarzes Haar rasiert. Wir sahen unsere kahlgeschorenen Köpfe an und zogen uns gegenseitig auf. Wir hatten die Situation noch immer nicht ganz begriffen.*[38] Das änderte sich erst, als Andersch Erschießungen miterlebte und von den unmenschlichen Folterungen erfuhr.

Alfred Andersch wurde, als kommunistischer Funktionär, der von der SS als «Bonzen- und Judenkompanie» bezeichneten Brigade zugewiesen, die mit Hilfe einer tonnenschweren Walze, die von den Häftlingen gezogen werden mußte, die Straßen inner- und außerhalb des Lagers zu befestigen hatte. Durch seinen Bruder ließ er sich Bücher ins Lager bringen. Erlaubt waren «politisch unbedenkliche» Schriften, beispielsweise geschichtliche und kunsthistorische Werke. Artur Müller, ein Mithäftling, erinnert sich noch besonders an das Buch «Venedig und die Zeit des 18. Jahrhunderts», über das er mit Andersch lange Gespräche führte. Aus den Diskussionen erfuhr Müller auch, daß die KZ-Haft Anderschs Gefühl der Zugehörigkeit zur kommunistischen Bewegung nicht gebrochen hatte. «Ich glaube... aus dem, was ich damals von Andersch hörte, gehörte er nicht zu denen, die sich abwendeten, die etwa nichts mehr wissen wollten, die sich nicht mehr verpflichtet fühlten...»[39]

Alles in allem hatte Andersch noch *unverschämtes Glück*[40]. Im Mai 1933 wurde er überraschend aus Dachau entlassen, *weil meine Mutter mit den Papieren meines Vaters die Gestapo belagerte und einen Gnadenerweis erwirkte, dem Andenken des um die nationalistische Sache so verdienten Mannes zu Ehren*[41]. Es war aber nicht allein dem furchtlosen Eintreten seiner Mutter zu verdanken, die, *mit der Unwiderstehlichkeit einer Österreicherin aus der alten Monarchie begabt*[42], alles daransetzte, ihren Sohn freizubekommen. Ausschlaggebend war vermutlich, daß sich ein einflußreicher NS-Funktionär und früherer Freund der Familie für den Jungen verbürgt hatte.

Von Frühsommer bis Herbst 1933 versuchte Andersch sich mit Gelegenheitsarbeiten über Wasser zu halten, was nicht einfach war, weil man ihn an seinem kahlgeschorenen Kopf sofort als ehemaligen Häftling identifizieren konnte. Als Handlanger beim Bau und gelegentlich als Fremdenführer verdiente er sich etwas Geld; später fand er eine feste Anstellung im Lehmann'schen Verlag. Die Schwierigkeiten jener Zeit hat Andersch nach fast 40 Jahren in der Erzählung *Die Inseln unter dem Winde* beschrieben. Nach seiner Entlassung aus Dachau beteiligte er sich, wenn auch nur als Bote, an der illegalen Arbeit der Partei. Als die Gestapo im Spätsommer 1933 auf der Suche nach einer geheimen kommunistischen Druckerei Razzien durchführte, geriet Andersch erneut auf die Fahndungsliste.

Am 9. September um 8 Uhr morgens wird er zum zweitenmal ins Polizeipräsidium gebracht. Unter der laufenden Nummer 16676 verzeichnet das Haftbuch hinter seinem Namen die Eintragung «Grund der Einlieferung... Schutzhaft»[43]. Mit ihm zusammen warten in der *großen, überfüllten und stinkenden Zelle*[44] mehr als zwanzig Verhaftete darauf, verhört zu werden. Die meisten sind zur gleichen Stunde wie Andersch festgenommen worden, einige kamen aus dem Lager Dachau. Was diese Häftlinge über die jetzigen Bedingungen im KZ zu berichten wissen, raubt Andersch den Rest seiner Selbstsicherheit. *An jenem Tag wäre ich zu jeder Aussage bereit gewesen, die man im Verhör von mir verlangt hätte. Man hätte mich nicht einmal zu schlagen brauchen.*[45] Doch die Gestapo begnügt sich damit, sein Alibi zu überprüfen. Er kommt als einziger an diesem Tag wieder frei. Alle übrigen Verhafteten werden nach Dachau eingeliefert.

Diese zweite Festnahme hatte, obwohl sie glimpflich ausgegangen war, unvorhersehbare Folgen: sie setzte in Andersch panikartige Gefühle frei, die sich offenbar lange Zeit in ihm aufgestaut hatten, und bewirkte einen schweren psychischen Schock. *Als ich das Gebäude der Polizeidirektion verließ... wußte ich, daß ich meine Tätigkeit für die Kommunistische Partei beendet hatte.*[46] Nachdem es schon fast sicher schien, daß er erneut ins KZ eingeliefert werde, war das *stoische und bedenkenlose Gefühl wie damals in Dachau, wo ich niemals Angst gehabt hatte*[47], umgeschlagen in panischen Schrecken und Todesangst vor der Vorstellung, der SS noch einmal in die Hände zu fallen. Ein halbes Jahr nationalsozialistischer Herrschaft hatte genügt, ihn erkennen zu lassen, daß die neuen Machthaber sich nicht damit zufriedengaben, ihre Gegner politisch zu neutralisieren, sondern daß ihnen jedes Mittel recht war, sie physisch zu vernichten. Gegen die Terror-Maschine gab es für den einzelnen keinen sicheren Schutz. Zwar bildeten sich auch in München Widerstandszellen, doch die Wirkung ihrer Aktionen, die meist darin bestanden, unter hohem Risiko illegale Flugblätter und Kampfparolen zu verbreiten, stand in keinem Verhältnis zu dem Blutzoll, den sie dafür zahlen mußten. In München konnte – sofern man den geheimen Polizeiprotokollen aus dieser Zeit glauben will – Himmlers Gestapo sich damit rühmen, bei der Verfolgung von Oppositionellen ganze Arbeit geleistet zu haben.

Von der Introversion zur Desertion

Nach dem September 1933 verlor Andersch jeden Kontakt zu den früheren Genossen aus dem KJV, er stand unter Gestapo-Aufsicht und mußte damit rechnen, überwacht zu werden. Unter dem Eindruck des Schocks versuchte er in den folgenden Jahren – wie er lakonisch formulierte –, *die ganze Sache zu vergessen*[48]. Die *ganze Sache*, das bedeutete: die Zerschlagung seiner Partei und das Scheitern der politischen Hoffnungen, den Verlust seiner Freunde und schließlich auch die ständige Angst vor dem Terror der Machthaber. Das traumatische Erlebnis der zweiten Verhaftung initiierte einen nachhaltigen Verdrängungsprozeß. Als Reaktion auf die unerträglich gewordene Wirklichkeit versuchte er, sich in eine selbstgeschaffene Innenwelt der Stimmungen und Gefühle zu vergraben. Der Weg dorthin führte über die intensive und meist wahllose Beschäftigung mit Architektur, Musik, Malerei und Literatur. *Damals unterlegte ich meinem Dasein die Stimmungen Rilkes, machte auch Gedichte dieser Art, und geriet, umklammert von einer versteckten Verfolgungsneurose, in tiefe Depression... Ich ignorierte die Gesellschaft, die rings um mich als Organisationsform den totalen Staat errichtete. Der Ausweg, den ich wählte, hieß Kunst.*[49] Kunst, oder besser: der Kult eines realitätsabgewandten Kunstjüngertums, den Andersch in den Jahren nach 1933 pflegte, wurde zur Ersatzbeschäftigung für politisches Handeln und sollte zugleich Schutzschild sein vor weiteren Verletzungen des angeschlagenen Selbstwertgefühls.

Ich antwortete auf den totalen Staat mit der totalen Introversion.[50] Seine Flucht in die Innerlichkeit wurde zu einem Rückzug in eine verselbständigte Welt der Ästhetik. *Da eine Kunst, die mit der Gesellschaft zusammenhing, nicht möglich war, studierte ich die Fassade des Preysing-Palais und die Vokalsetzung in den «Sonetten des Orpheus».*[51] Die Verdrängung der politischen Wirklichkeit wie auch der eigenen früheren Ziele schien gründlich gelungen zu sein. So gründlich, daß Andersch sich aus der Rückschau nach mehr als vier Jahrzehnten noch erstaunt die Frage stellen mußte, warum er nicht wie viele andere seiner Genossen im Spanischen Bürgerkrieg mit der Waffe gegen den Faschismus gekämpft hatte. *Ich habe eine feine Entschuldigung: ich bin überhaupt nicht auf diese Idee gekommen. Wirklich, ich schwöre es: der Gedanke, ich könne nach Spanien gehen, ist mir niemals gekommen. Aber das macht die Sache nachträglich um so schlimmer. Ich könnte ja Gründe dafür finden, warum ich nicht nach Spanien gegangen bin, objektive und subjektive, aber daß ich nicht ein einzigesmal daran gedacht habe, es zu tun, ist eigentlich unentschuldbar.*[52] Statt dessen *Versuche mit kalligraphischen Gebilden am Schreibtisch*[53], verschiedentliche Ansätze zu malen und zu zeichnen, alles mit dem Zweck, den Blick von der perhorreszierten Wirklichkeit abzulenken. Diese fortdauernden Anstrengungen, die Realität von sich fernhalten zu wollen, mußten fast zwangsläufig zu Selbstverleugnung und Selbstentfremdung führen.

Auf frappierende Weise deutlich wird dies in der Schilderung eines Erlebnisses aus den dreißiger Jahren, in der Andersch mit rückhaltloser Offenheit sein damaliges Versagen eingesteht: *Irgendwann zwischen 1933 und 1939, Andersch stand gerade an der Briennerstraße zu München, als Adolf Hitler, in einer Wagenkolonne, vom Hause seines Blutordens kommend, in Richtung des Odeonplatzes fuhr. Die Mauer aus Menschen stand entlang seinem Wege, die Rufe pflanzten sich fort, und als ich sein weißliches, schwammiges Gesicht sah, mit dem schwarzen Haarstriemen in der Stirne, mit dem feigen, lächelnden Betrüger-Ausdruck, das Gesicht einer bleichen, abgewetzten Kanalratte, da öffnete auch ich meinen Mund und schrie: Heil! Und als die Menge sich zerstreute und ich wieder ins Freie trat, in freien Raum um mich, da dachte ich damals, wie ich es heute denke: Du hast einer Kanalratte zugejubelt. Aber ich konnte darauf den Lenbachplatz entlanggehen und mich in die Auslagen der Buchhandlungen und Antiquitätengeschäfte vertiefen, in mein eigentliches Leben eintreten und alleine sein.*[54] Es liegt auf der Hand, daß er in die *ästhetische Existenz* nicht zuletzt deshalb flüchtete, um sich von den eigenen Schuldgefühlen abzulenken.

Ein nicht unerheblicher Nebeneffekt des insularen Daseins in ästhetischer Kontemplation ist, daß Andersch sich in diesen Jahren die Grundlagen seiner intensiven und weitgespannten Kenntnisse der Literatur- und Kunstgeschichte autodidaktisch erarbeitet. Daß er sich einen gründlichen Einblick in die Literatur, von der europäischen Klassik über den bürgerlichen Realismus bis zu Vertretern der Moderne wie Baudelaire, Joyce und Proust, verschaffen konnte, geht aus einer Aufstellung von Büchern hervor, die sich bis 1943 im Besitz der Familie Andersch befanden.[55] Wie eingehend seine Beschäftigung mit einzelnen Autoren und Stilrichtungen war, läßt sich hingegen nur vermuten. Es spricht aber einiges dafür, daß besonders die Romantiker, die Symbolisten und Impressionisten – seinem damaligen Lebensgefühl der Verinnerlichung entsprechend – zu wichtigen Orientierungspunkten wurden bei den Versuchen, sich lesend und schreibend der Literatur zu nähern. Martin Andersch, der jüngere Bruder, erinnert sich, daß neben Rilke vor allem Hölderlin und Stifter literarische Vorbilder für Alfred waren.[56] Ein Gedicht, vermutlich

30

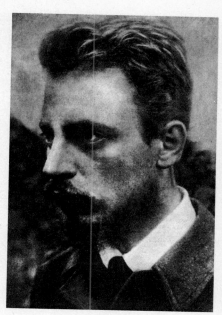

Rainer Maria Rilke

Ende der dreißiger Jahre entstanden, bestätigt dies. Es klingt wie die Imitation der bei Eichendorff und C. F. Meyer abgeschauten Muster lyrischen Naturempfindens:

> *Spiegel aus fahlem Silber*
> *Schlafen die Seen in der Dämmerung schon*
> *Harfen des Windes Hände*
> *In den Wäldern mit Orgelton.*
>
> *Jagen am dunkelnden Himmel*
> *Die Wolken in grauer Flucht*
> *Gleitet einsam die Welle*
> *In der Eichen schwarz-schattende Bucht.*
>
> *Rinnet die blasse Wegspur*
> *Sich hebend und senkend in den Abend hinein.*
> *Klinget der Rosse Schnauben*
> *Tröstlich vom Wiesenrain.*[57]

Thomas Mann

Hinter dieser sentimentalen Beschwörung einer in sich selbst ruhenden Natur, angehäuft mit sprachlichen Klischees und verbrauchten Bildern, zeichnet sich, nicht untypisch für Anderschs poetische Aktivitäten in den Jahren seiner Introvertiertheit, eine betont rückwärtsgewandte und zeitenthobene Haltung ab. Solche und ähnliche Versuche kommentierte er gegen Ende seines Lebens als *typisch spätpubertäre und rein ästhetische Versuche*[58], als *unerträgliches Zeug*[59], das nicht wert gewesen sei, aufbewahrt zu werden.

Ein wichtiger Lehrmeister und Mentor, der ihm half, sich die Literatur zu erschließen, war der Münchner Privatgelehrte Dr. Günther Herzfeld-Wüsthoff. Herzfeld, in Anderschs Augen eine *deutsch-romantische Ur-Figur, halb orientalischer Jude, halb preußischer Gardeoffizier*[60], veranstaltete im privaten Kreis Vorträge und Lesungen zu literarischen Themen. Er unterstützte die Schreibversuche seines jungen Bewunderers, riet ihm aber, sich an großen literarischen Formen zu schulen, und empfahl ihm als Beispiel Leopold von Rankes «Reformationsgeschichte». Herzfeld war es vermutlich auch, der Andersch auf die Werke von Stendhal und Thomas Mann aufmerksam machte. Beide haben, auch noch in der Prosa der späten Jahre, großen Einfluß auf Andersch ausgeübt, wie sich etwa an der bei Thomas Mann entlehnten leitmotivischen Technik und ironisierenden Sprechweise zeigt, die Andersch häufig anwendet. Seine hohe Wertschätzung für Thomas Mann hat Andersch in seinen literaturkritischen Beiträgen und Essays immer wieder hervorgehoben. Nach dem Krieg war Thomas Mann für ihn der *größte lebende Autor deutscher Sprache*[61], und noch 1959 schrieb er dem «Zauberberg» einen ähnlich hohen literarischen Rang zu wie Prousts «Recherche».[62]

Zugang zu Herzfelds Zirkel hatte Andersch durch Angelika Albert gefunden. In einem Sprachkursus für Italienisch – im Winter 1933/34 unternahm Andersch seine erste Reise nach Rom – hatten sie sich kennengelernt. Angelika Albert stammte aus einer wohlhabenden Münchner Familie, ihr Vater war ein bekannter Chemiker und besaß in München eine

Alfred Andersch und
Angelika Albert
in der Sendlinger Straße
in München, um 1935

1938

florierende Fabrik. Ihr Bruder hatte als technischer Direktor in Hamburg
die Leonar-Werke, damals einer der größten Hersteller von Fotopapier in
Deutschland, mit aufgebaut. Die Zuneigung, die sich zwischen Andersch
und Angelika Albert entwickelte, mag entstanden sein aus dem gemeinsamen Interesse an Kunst und Literatur, bestärkt wurde sie sicherlich

34

durch ein Gefühl der Zusammengehörigkeit, das aus der äußeren Bedrohung resultierte: als Halbjüdin war Angelika ebenso gefährdet wie Andersch als ehemaliger kommunistischer Funktionär. Von Verfolgung und Verfemung blieb die Familie Albert nicht verschont. Während des Krieges wurde Angelikas Mutter in das Konzentrationslager Theresienstadt verschleppt und dort ermordet, Angelika selbst entging nur dank eines Zufalls den Händen der SS.

Noch bevor die auf dem Nürnberger Parteitag im Herbst 1935 verkündeten «Rassengesetze» die Eheschließung zwischen «Ariern» und Angehörigen jüdischer Familien verboten, heirateten die beiden in München. Durch Angelikas Hilfe konnte Andersch endlich die ihm verhaßte Arbeit in der Buchhaltung des Lehmann'schen Verlags aufgeben. Gemeinsam mit Alfreds Mutter und seinem jüngeren Bruder Martin übersiedelte das

Mit Tochter Susanne, um 1940

junge Ehepaar nach Hamburg. Dort hatte ihm sein Schwager eine Stelle in der Werbeabteilung der Leonar-Werke angeboten.

Die Arbeit in der Fabrik – er mußte Anzeigentexte entwerfen – bedeutete ihm nicht mehr als ein Mittel zum Unterhalt der Familie. Sein eigentliches Leben fand nach wie vor in der privaten Welt der Literatur statt. An den Wochenenden, vor allem in der Zeit, als seine Tochter Susanne geboren wurde, zog Andersch sich nicht selten in sein Büro in der leeren Fabrik zurück, um ungestört schreiben zu können. Hinzu kam, daß zu dieser Zeit, Ende der dreißiger Jahre, seine Ehe bereits zu zerbrechen begann. Alfred und Angelika Andersch blieben zwar weiterhin miteinander verheiratet – schon als Schutz für Angelika –, Andersch hatte aber in der aus Wuppertal stammenden Malerin Gisela Groneuer eine Partnerin gefunden, die ihm in seinen künstlerischen Neigungen näher stand. 1940 wurde ihr gemeinsamer Sohn Michael geboren, fünf Jahre später kam ihr zweites Kind, Martin, zur Welt.

Wie drängend der Wunsch war, endlich als Schriftsteller in Erscheinung zu treten, läßt sich erahnen aus der postum veröffentlichten *Skizze zu einem jungen Mann*. In unverkennbarer Nachahmung der Charakteristika früher Schriften von Thomas Mann thematisiert Andersch in seinem Text die Problematik des Künstlers als Bürger. Der Protagonist der Skizze, Bernd Reber, ein dandyhafter Sohn aus gutem Hause, schwankt zwischen bürgerlichem Beruf und künstlerischen Neigungen. Nicht zu übersehen, daß Andersch hier die Silhouette seines eigenen Doppellebens als Büroangestellter und dilettierender Schriftsteller nachzeichnet, ein Thema, das er Jahre später noch einmal aufnahm. In der 1968 entstandenen Erzählung *Brüder* kam er, freilich unter völlig verändertem Blickwinkel, auf diesen Konflikt, auf die in den Hamburger Jahren verspürte Inkongruenz zwischen Umwelt und Innenwelt, zurück. *Brüder* handelt von einem Spaziergang am 1. September 1939, dem Tag, als mit dem Überfall auf Polen der Zweite Weltkrieg ausgelöst wurde. Doch nicht der Krieg beschäftigt die beiden Hauptpersonen, in denen Andersch sich selbst und seinen Bruder Martin porträtierte, sondern vergleichsweise Belangloses wie Malerei und Kunstgraphik, Literatur und die ästhetische Gestalt der Landschaft. Eindringlicher hätte der Kontrast zwischen Anderschs ästhetischem Individualismus zu dieser Zeit und der realen Welt von Faschismus und Krieg nicht erfaßt werden können.

Bei Beginn des Kriegs hatte Andersch zunächst Glück. Auf Grund seiner Sehschwäche wurde die Einberufung zur Wehrmacht erst einmal zurückgezogen. Aber schon im Frühjahr 1940 bekam er erneut den Gestellungsbefehl. In der Nähe von Rastatt wurde er anfangs am «Westwall» als Bausoldat eingesetzt, nach der Kapitulation der französischen Armee kam er als Besatzungssoldat nach Nordfrankreich. Dort, mittlerweile zum Rechnungsführer einer Baukompanie avanciert, entdeckte er in einem Mitteilungsblatt der Wehrmachtsführung zufällig eine Verord-

Als Soldat, 1942

nung, nach der ehemalige KZ-Insassen sofort aus der Truppe auszumustern seien. *Und das wurde ich dann auch, so daß ich mitten im Krieg von 1941/42 zu Hause war.*[63]

In Frankfurt am Main fand er eine neue Stelle, wiederum als Büroangestellter, bei der Kosmetikfirma J. G. Mouson & Co. Er blieb dort von Anfang 1942 bis zum Herbst 1943. Biographisch bedeutsam wird in dieser Zeit die Lektüre von Ernst Jüngers Erzählung «Auf den Marmorklippen», die bald nach ihrem Erscheinen im Herbst 1939 von den Nazis verboten wurde. Trotz ihrer symbolistischen Überfrachtung, die eine Vielzahl von Deutungsmöglichkeiten zuläßt, wurden die «Marmorklippen» von vielen als Allegorie des faschistischen Deutschland aufgefaßt. Andersch hielt diese Erzählung geradezu für ein *Fanal des Widerstandes*

Im Januar bei Ochtrup

Feldkreuz glüht grau im Licht,
friert Stein und Bein.
Reif auf den Weiden liegt,
Glasgespinst -
silbern brichts
neben dem Rain.

Über den dunklen Weg
neigt sich der Baum,
Winterbaum, fremd und leer.
Fiedernd hockt
Krähenvolk,
stört ihm den Traum.

Wandert ein Mann nach Haus
kiepenbeschwert,
Reisig gebündelt drin.-
Hinter dem
Nebelwisch
blau raucht sein Herd.

Ein Gedicht von Alfred Andersch für seinen Bruder Martin, 1941, der in Minsk im Lazarett lag

gegen die Nazis[64], das ihm den Sinn seines eigenen Schreibens, seine Versuch, sich im Rückzug auf die Literatur dem Nazi-System zu verwei gern, zu bestätigen schien. Um so stärker suchte er jetzt nach Veröffent lichungsmöglichkeiten für seine Manuskripte. Dem Suhrkamp Verlag bo er das Manuskript eines Erzählbandes mit dem Titel *Erinnerte Gestalte* an. Die Lektoren, bei denen er vorsprach, lehnten zwar eine Veröffent lichung ab, lobten aber seinen «interessanten Weg zur Prosa», die sich «ir

Grunde um den reinen Bericht mit den Mitteln der Erzählung bemüht».[65]
Bei der «Kölnischen Zeitung» hatte er mehr Erfolg. Am 25. April 1944
erschien dort erstmals eine Arbeit von ihm, eine Erzählung mit dem Titel
Erste Ausfahrt. Diese, später von Andersch ironisch als *sehr zarte, sehr
feinsinnige Pubertätsgeschichte eines einzelnen jungen Mannes* [66] charakte-
risierte Geschichte glorifiziert das einsame und asketische Leben für die
Kunst – sicherlich ein Reflex auf das Selbstbildnis, das Andersch von sich
und seinem solipsistischen Dasein in der Introversion entworfen hatte,
ein Wunschbild, das sich nicht verwirklichen ließ. Es ist vermutlich der
letzte einer Reihe von ästhetisierten Fluchtträumen, die aus dem extre-
men Rückzug in die Verinnerlichung erwachsen waren.

Noch vor Jahresende 1943 erreichte Andersch erneut die Einberufung.
Nach einem Ausbildungslehrgang bei den Infanterie-Pionieren in Siegen
erhielt er im Frühjahr 1944 die Versetzung nach Dänemark, im April
wurde er der 20. Luftwaffen-Felddivision in Oberitalien als Dolmetscher
zugewiesen. In einem Brief an die Mutter hieß es bedeutungsvoll, daß
1944 das *Jahr der Entscheidung* [67] werde. Als er dies schrieb, hatte er bereits die feste Absicht, bei der ersten sich bietenden Gelegenheit zu deser-
tieren. *Ich hatte mich entschlossen, 'rüber zu gehen, weil ich den Akt der
Freiheit vollziehen wollte, der zwischen der Gefangenschaft, aus der ich
kam, und derjenigen, in die ich ging, im Niemandsland lag. Ich wollte
'rüber, weil ich mir damit aufs neue das Recht erwarb, Bedingungen stellen
zu können, auf die ich mir schon in der Vergangenheit einen Anspruch
erworben hatte; ich wollte diesen fast verjährten Anspruch erneuern.* [68] Am
6. Juni 1944 war die Chance endlich gekommen. Bei Viterbo, etwa 60
Kilometer nördlich von Rom, überschritt Andersch die Frontlinie und
ließ sich in dem Bergdorf San Virginio, wo amerikanische Truppen stationiert waren, gefangennehmen.

Als Kriegsgefangener in den USA

Der Entschluß, freiwillig zu den Amerikanern überzulaufen, war der entscheidende Schritt, der Andersch aus seiner jahrelangen unpolitischen Introversion herausführte. Der Anstoß dazu kam von außen. Durch die Einberufung zum Kriegsdienst war ihm der Rückzug auf die «Hallig seiner Seele» endgültig versperrt worden. *Ich hatte nur die Ästhetik der Kunst und mein Privatleben, und das zerstörten sie durch Gestellungsbefehle.*[69] Der mühsame Versuch, sein Leben als unauffälliger Büroangestellter und dilettierender Schriftsteller nach außen hin abzuschirmen, um so Distanz zum nazistischen Gewaltapparat zu gewinnen, war gescheitert.

Spätestens nach Ausbruch des Kriegs hatte ihn die Wirklichkeit wieder eingeholt. Denn als Soldat wurde er, ob er es wollte oder nicht, Teil der faschistischen Vernichtungsmaschinerie. Es gab keine Möglichkeit, passiv und innerlich unbeteiligt auf das Ende der Diktatur zu warten. Alles andere wäre eine unannehmbare Alternative gewesen: Für den Hitler-Staat *ein Gewehr gegen die Soldaten von Armeen abfeuern, die vielleicht... in der Lage waren, mein Leben zu ändern? Schon die bloße Erwägung war eine Absurdität. Ich zog also aus meiner politischen Situation die Konsequenzen.*[70]

So markiert das Datum des 6. Juni 1944 einen radikalen Wendepunkt in Anderschs Lebensgeschichte. Die Desertion bedeutete ihm wesentlich mehr als nur eine Flucht vor dem Zwangssystem der Armee. Sie war zugleich ein Akt der Selbstbefreiung und der lange versäumten Gegenwehr, der seinem Leben wieder *Sinn verlieh und von da an zur Achse wurde, um die sich das Rad meines Seins dreht*[71].

Die sechzehn Monate, die Andersch als Kriegsgefangener in verschiedenen Lagern, zunächst in Italien, ab August 1944 in den USA verbrachte, erlebte er – so paradox dies auch anmutet – als eine Zeit der Freiheit. Natürlich war es eine – wie er sie ironisch nannte – *Freiheit unter Ausschluß der Öffentlichkeit*[72], die Gefangenschaft verschaffte ihm aber wieder die Möglichkeit, frei von Angst und Bedrohung *lesen, schreiben sprechen und nachdenken*[73] zu können.

Überdies fand er im Lager etwas wieder, das er 1933 verloren hatte eine Gemeinschaft von politisch Gleichgesinnten – allesamt Antifaschisten, darunter nicht wenige, die als frühere Mitglieder der kommunisti

Lagerbibliothek deutscher Kriegsgefangener in den USA, um 1944
(Aus «Der Ruf» 1, 1947, Nr. 11)

schen und sozialistischen Bewegung eine ähnliche politische Sozialisation erfahren hatten wie er. Die amerikanischen Militärbehörden achteten nämlich darauf, daß die erklärten Nazi-Gegner unter den deutschen Kriegsgefangenen – im Sommer 1944 waren dies etwa 15000 von insgesamt mehr als 300000 in den USA internierten deutschen Soldaten und Offizieren – getrennt von den übrigen untergebracht wurden. Auf diese Weise wollte man politisch motivierten Feindseligkeiten der Lagerinsassen untereinander möglichst vorbeugen. Für die erklärten Antifaschisten errichtete man deshalb eigene Lager, sogenannte Antifa-Compounds. Zu diesen gehörte auch das Lager Ruston in Louisiana, wohin Andersch, nach verschiedenen Zwischenstationen, Anfang Oktober 1944 gebracht wurde. Wie alle übrigen Gefangenen mußte er dort zunächst bei der Baumwoll- und Zuckerrohrernte helfen, später wurde er dem Lagerhospital als Sanitätshelfer zugeteilt.

Den Aufenthalt im Kriegsgefangenenlager hat Andersch in der 1971 erschienenen Erzählung *Festschrift für Captain Fleischer* beschrieben. Der amerikanische Lagerarzt Dr. Fleischer verkörpert darin die Haltung der Liberalität, der Toleranz und Aufgeschlossenheit, mit welcher die

Amerikaner den deutschen Kriegsgefangenen begegneten und die Anderschs *lebenslange Zuneigung zu den Amerikanern als Menschentyp*[74] begründete. Nachhaltig geprägt wurde Anderschs Amerika-Bild und seine bis in die sechziger Jahre anhaltende positive Einstellung zur amerikanischen Demokratie durch die politischen Zukunftsvisionen des damaligen amerikanischen Präsidenten Franklin D. Roosevelt. Roosevelts «Großer Plan», die Utopie einer Weltzivilisation und eines Weltstaates, in der die Forderungen nach einer Ordnung des sozialen Ausgleichs, der Demokratie und der Freiheit eingelöst wären, erschien Andersch als der hoffnungsvolle Anfang einer *Synthese von Freiheit und Sozialismus in menschlicher Relation*[75]. Er war fasziniert von der Verbindung zwischen dem liberalistischen Denken der Neuen Welt und den humanistischen Ideen des Abendlandes, die der *neue plan* des *großen gelähmten*[76] versprach. Die Periode der Kriegsgefangenschaft war aber nicht allein deshalb so bedeutungsvoll für Andersch, weil sie eine Zeit des politischen Neubeginns, sondern auch, weil sie der eigentliche Anfang seines Lebens als Schriftsteller war.

Eine Phase intensiven Lernens begann. Was Andersch in den Lagerbibliotheken fand, kam der Entdeckung eines neuen literarischen Kontinents gleich: hier gab es die Literatur des Antifaschismus, Bücher, die in Nazi-Deutschland verboten und verbrannt worden waren. Vor allem aber konnte er jetzt die amerikanische Gegenwartsliteratur kennenlernen, die sich in ihrem lakonischen Ton, ihrer metaphernarmen Sprache und ihrer Zeitbezogenheit völlig unterschied von dem expressiven Pathos, der antiquierten Weitschweifigkeit, dem Romantizismus und dem ästhetisierenden Stil der bisherigen literarischen Vorbilder. Ernest Hemingway, William Faulkner und John Steinbeck wurden nicht nur für Andersch, sondern für eine ganze Generation von deutschen Nachkriegsschriftstellern zu Leitbildern auf der Suche nach einer neuen, vom Faschismus nicht verdorbenen und verschlissenen literarischen Schreibweise. Die Autoren der «lost generation» (die bis 1933 in Deutschland noch kaum wahrgenommen worden waren) übten allein schon deshalb eine starke Anziehungskraft aus, weil in ihren Büchern genau jenes Lebensgefühl der Desillusionierung und Ernüchterung zum Ausdruck kam, das eine große Zahl von jungen deutschen Kriegsheimkehrern bei sich selbst entdeckte. *Hemingways Helden*, schreibt Andersch 1948, *haben, wenn ihre Geschichte einsetzt, alle Bindungen, welche die großen Propaganda-Maschinen des pervertierten Weltgeistes ihnen aufreden wollen, hinter sich gelassen; scheinbar zynisch, scheinbar fessellos, aber in Wahrheit frei, gehen sie ihrem Schicksal in einer seltsamen Mischung von Nüchternheit und Stolz entgegen... – sie zeigen uns die Möglichkeit zu einer echten Selbstverwirklichung in einer absurden Welt.*[77]

Alfred Anderschs Nachholbedarf war enorm. Am 17. Oktober 1944 schreibt er an seine Mutter: *...Dann gibt es einen Haufen interessanter*

William Faulkner

Ernest Hemingway

John Steinbeck

Thomas Wolfe

Leute, Bücher, herrliche Sinfoniekonzerte vom New Yorker Rundfunk, und in der Freizeit und im Nachtdienst schreibe ich an einem Buch. Du siehst, ich habe viel, viel zu tun.[78] Er übertrieb nicht. Walter Kolbenhoff, Lagersprecher von Ruston, mit dem zusammen Andersch in einer Baracke wohnte, schildert in seinem Erinnerungsbuch, wie Andersch «eine ungeheure Energie»[79] entwickelte, wenn es darum ging, die Freiräume der literarischen und politischen Arbeit zu nutzen, die das Lager bot. Andersch war überzeugt davon, daß jetzt die Chance gekommen war, sich klar zu werden und sich zu verständigen über einen grundlegenden politischen Wandel und radikalen Neubeginn in Deutschland. Die für die Lager zuständigen amerikanischen Dienststellen, darauf bedacht, den Demokratie-entwöhnten Gefangenen zu demonstrieren, wie in den USA Demokratie praktiziert wird, tolerierten nicht nur politische Diskussionen um die Zukunft Deutschlands, sondern erlaubten auch die Einrichtung von Lagerzeitungen, um so den Gefangenen ein Forum zu geben, wo sie sich über ihre politischen Vorstellungen, ihre Erwartungen und Hoffnungen äußern konnten. Insgesamt kursierten mehr als hundert solcher meist vierzehntägig erscheinenden, einfach aufgemachten und von den Gefangenen selbst hergestellten Lagerzeitungen.

Bevor Andersch nach Ruston gekommen war, hatte er als Mitarbeiter eines solchen Blatts, einer konfessionell ausgerichteten Zeitung namens «Michael», bereits erste redaktionelle und journalistische Erfahrungen gesammelt.[80] Gemeinsam mit seinem Freund Kolbenhoff, der vor 1933 für das KPD-Zentralorgan «Rote Fahne» geschrieben hatte, wollte Andersch nun in Ruston eine eigene Lagerzeitung mit betont sozialistischer Tendenz erscheinen lassen. «Und Andersch riß den ganzen Krempel mit jenem ungeheuren Elan, den er hatte, wenn er etwas wollte, an sich.»[81] Noch bevor Papier und Abziehgerät von der Lagerleitung bewilligt waren, hatte er bereits sein erstes Manuskript fertiggestellt. Kolbenhoff berichtet, dieser Text sei der Anfang des acht Jahre später erschienenen autobiographischen Berichts *Die Kirschen der Freiheit* gewesen.[82] Da die *Kirschen* jedoch deutlich unter dem Einfluß der Sartreschen Existenzphilosophie stehen und Andersch den französischen Existentialismus erst nach seiner Rückkehr nach Deutschland kennengelernt haben konnte, ist dies wenig wahrscheinlich. Man darf eher vermuten, daß es sich bei diesem Manuskript um die Erzählung *Flucht in Etrurien* (oder Teile davon) oder um eine Vorstudie dazu gehandelt hat, in der Andersch die zentrale Passage der *Kirschen* – die authentische Desertion an der Italien-Front – fiktionalisiert als Geschichte zweier deutscher Landser ausgestaltete.

Auch wenn sich dies nicht mit letzter Sicherheit nachweisen läßt, so spricht doch die Beobachtung von Kolbenhoff dafür, daß Andersch sich im Lager schreibend mit dem ihn prägenden Erlebnis der Desertion auseinandersetzte. Vergleicht man *Flucht in Etrurien* (unabhängig davon, ob dieser Text nun während der Gefangenschaft oder erst 1947/48 entstan

44

den ist [83]), mit der Mitte 1944 veröffentlichten Erzählung *Erste Ausfahrt*, so kann man schon auf den ersten Blick entscheidende Veränderungen sowohl im Ton wie im Sprachgestus und der darin aufscheinenden Lebenshaltung und Weltsicht feststellen. Die Erzählungen behandeln beide das gleiche Thema: Ihre Hauptpersonen, ausgestattet mit autobiographischen Zügen des Autors, ziehen sich zurück, fliehen vor ihrem bisherigen Leben. Während aber der Protagonist der *Ersten Ausfahrt* mit der *Bitterkeit und dem Trotz des Ausgestoßenen* [84] seine *trauervolle und stolze Einsamkeit* [85] zelebriert und sich in mönchischer Abgeschiedenheit und kontemplativer Weltsicht übt, trägt der Held der *Flucht in Etrurien* wesentlich aktivere und lebenszugewandtere Züge. Er erkennt und akzeptiert die Verantwortung, die er sich und seinen Mitmenschen schuldet, er begreift seine Flucht als Befreiung aus den ihm auferlegten Zwängen und gewinnt dadurch Hoffnung. Ist das Paradigma der frühen Erzählung *Erste Ausfahrt* Weltflucht, Verharren und Versenkung in die Innerlichkeit, so lautet dasjenige des später entstandenen Textes Widerstand, Entdeckerlust und Ausbruch durch aktives Handeln. In *Flucht in Etrurien* nimmt auch bereits eine neue Sprache Gestalt an. Das psychologisierende Deuten und die Verwendung mythischer Bilder treten zurück zugunsten eines sachlich-knappen Tons, dessen nüchterner Gestus von zahlreichen Dialogpassagen unterstützt wird.

Noch frappierender ist diese Veränderung in dem nachweislich in Ruston geschriebenen Bericht über seine Gefangennahme, der den Titel trägt: *Amerikaner – Erster Eindruck*. Andersch artikuliert darin sein Erstaunen über die Selbstsicherheit und Ungezwungenheit der amerikanischen Soldaten und Offiziere, denen er nach seinem Frontwechsel begegnete. Es klingt Aufbruchstimmung an, wenn er die *Nüchternheit dieser Gesinnung* schildert, eine Nüchternheit, die *vieles entzaubern* würde *auf ihrem Gang durch die Welt*. [86] Nüchtern ist auch der Ton dieser Reportage. Sachliche Darstellung und deskriptive Form herrschen vor. Vermutlich hat Andersch sich die Reportagen aus den «49 Depeschen» von Hemingway zum Vorbild genommen.

Ernest Hemingway gehörte auch zu den Autoren der Bücherreihe «Neue Welt», die von März 1945 an gemeinsam von dem Kriegsgefangenen Curt Vinz (einem konservativen Katholiken, der Berufserfahrung als Verlagsbuchhändler hatte) und Captain Walter Schönstedt (einem aus Berlin stammenden Schriftsteller, der vor 1933 der KPD angehört hatte und Mitte der dreißiger Jahre in die USA emigriert war) herausgegeben wurde. Die 24 Bände dieser Reihe waren speziell für die Lagerbibliotheken eingerichtet worden und umfaßten deutsche Übersetzungen aus der Weltliteratur des 20. Jahrhunderts, Biographien und politische Literatur über die USA und die UdSSR. Zweck dieser Reihe sollte sein, die Gefangenen zu weltoffenem Denken anzuregen, Verständnis für die Eigenart anderer Völker zu erwecken und politisch aufzuklären. Die «Neue Welt» war Teil eines Projekts, mit dem die amerikanischen Militärbehörden darauf abzielten, die deutschen Soldaten während ihrer Gefangenschaft in die Prinzipien der Demokratie einzuführen – eine Vorform des später in der amerikanischen Besatzungszone praktizierten reeducation-Programms. Zur Unterstützung dieses Projekts initiierten Beamte des Kriegsministeriums eine Zeitschrift, die, von deutschen Kriegsgefangenen herausgegeben und geleitet und von amerikanischen Stellen kontrolliert, das Umerziehungsprogramm journalistisch fördern sollte. Dieses Blatt mit dem Titel «Der Ruf. Zeitschrift deutscher Kriegsgefangener in den USA» hatte die programmatische Vorgabe, die Friedensarbeit zu unterstützen, über die militärische und politische Lage zu informieren und kulturelle Aufklärung zu betreiben. Geleitet wurde die Zeitschrift von einer Gruppe, die das gesamte politische Spektrum vom Katholizismus bis zum Kommunismus repräsentieren sollte, Nazis ausgenommen. Die erste Redaktionsmannschaft wurde von Curt Vinz (als Herausgeber) und Gustav René Hocke (als Chefredakteur) geleitet. In einer Auflage von 11 000 Exemplaren kam am 1. März 1945 Heft 1 dieser Zeitschrift heraus.

Vermutlich auf Veranlassung von Curt Vinz, den er in Ruston kennengelernt hatte, wurde Andersch Anfang April 1945 nach Fort Kearney, Rhode Island, gebracht, wo die «Ruf»-Redaktion ihren Sitz hatte. Von Mitte April an übernahm Andersch den literarischen Teil der Zeitschrift und veröffentlichte unter den Initialen F. A. und dem Pseudonym Thomas Gradinger eine Reihe von Artikeln zur amerikanischen Gegenwartsliteratur. Schon mit seinem ersten Beitrag, *Die neuen Dichter Amerikas*, bewies Andersch, daß er sich in den letzten Monaten intensiv mit der amerikanischen Literatur, besonders mit der zeitgenössischen Prosa beschäftigt hatte. Die Realisten Thomas Wolfe und Thornton Wilder, vor allem aber Faulkner, Steinbeck und Hemingway sieht er als Repräsentanten einer Schreibweise, in der die Sicht auf die *menschliche Existenz* ohne prätentiöse Deutung hergestellt werde. Beeindruckt zeigt er sich vom sozialkritischen Realismus in der Darstellung der modernen Welt, wie er sie bei Theodore Dreiser, Sherwood Anderson und Sinclair Lewis vorfand. *Realismus ist der Grundzug dieses Lebens, und wir finden ihn wieder in der Dichtung… In ihren besten Stücken ist sie bloße Darstellung, reines «So sind wir». Doch gerade darin liegt ihre reinigende Kraft… Unnötig zu sagen, daß die Stärke zu solcher kritischen Verantwortung aus einem Leben in Freiheit herrührt.*[87]

Unter dem Pseudonym Anton Windisch erschien am 15. Juni 1945 die Kurzgeschichte *Fräulein Christine*, einer der beiden literarischen Texte von Andersch, die im Kriegsgefangenen-«Ruf» veröffentlicht wurden. An dieser kurzen Erzählung ist bemerkenswert, daß Andersch hier bereits Motive und Themen angelegt hat, die er in späteren Schriften wieder aufnahm und weiterentwickelte, so zum Beispiel die Dreieckskonstellation: eine Frau zwischen zwei Männern, ein Grundmuster, das in den Romanen *Die Rote* und *Efraim* und in der Erzählung *Ein Liebhaber des Halbschattens* wiederkehrt. Fräulein Christine muß sich entscheiden zwischen dem opportunistischen Geschichtsdozenten Dr. Witte, der den Nazis seinen Aufstieg verdankt, und dem Arbeiterschriftsteller Werner Rott, der von den Nazis verfolgt wird. Mit dieser an den Formen der amerikanischen short story geschulten Erzählung hat er zu einem Thema gefunden, das ihn in den folgenden Jahrzehnten immer wieder beschäftigt: das Verhältnis von Kunst und Politik, die Frage der Widerstandskraft von Kunst und das Problem des politischen Bewußtseins des Künstlers.

Mitte September 1945 schied Andersch aus der Redaktion des «Ruf» aus. Es kam zu einem großen Revirement, da Curt Vinz und Gustav René Hocke Ende 1945 nach Deutschland zurückkehren sollten. Ihre Arbeit übernahmen Walter Mannzen und Hans Werner Richter. Mannzen hatte vorher schon mehrmals Beiträge für den «Ruf» geliefert, Richter war durch seine Artikel in anderen Lagerzeitungen aufgefallen. Andersch wurde nicht unmittelbar nach Beendigung seiner Arbeit für den «Ruf» aus der Gefangenschaft entlassen, sondern besuchte von Mitte September an einen zwei Monate dauernden Verwaltungslehrgang im Lager Fort Getty, Rhode Island. Dort, nur wenige Kilometer von Fort Kearney entfernt, in einem pittoresken Winkel an der Narragansett-Bucht gelegen, absolvierten ausgewählte Gefangene Kurse in Geschichte, Verwaltungslehre und Staatstheorie. Die Amerikaner wollten diesen «selected citizens» bevorzugt die in Deutschland neu zu besetzenden Posten in öffentlicher Verwaltung, in Wirtschaft, Politik und Publizistik zukommen lassen.

In der exklusiven Atmosphäre von Fort Getty probten die US-Behörden eine *Umerziehung in der Retorte*[88]. Die Gefangenen durften sich als privilegiert fühlen. Zum Beispiel wurden sie nicht mit militärischem Drill geweckt, sondern mit Jazz-Musik aus den Lagerlautsprechern. Es war vor allem der *Geist der Unvoreingenommenheit*[89], der das Verhältnis zwischen den amerikanischen Lehrkräften und den deutschen Gefangenen bestimmte, der *fraglose Glaube an die Möglichkeit der Wandlung durch Erziehung*[90], der Andersch stark beeindruckte. Antifaschistische deutsche Schriftsteller, die in den USA Zuflucht gefunden hatten, wie Oskar Maria Graf, wurden zu Diskussionsrunden eingeladen. Renommierte Professoren aus den angesehensten Universitäten des Landes hatten sich für die Durchführung der Vorlesungen und Unterrichtsreihen zur Verfügung gestellt. Howard Mumford Jones, Lehrstuhlinhaber für amerikanische Literaturgeschichte in Harvard, war so vom Glauben an die positiven Kräfte im Menschen überzeugt, daß er vom Kriegsministerium verlangte, die Stacheldrahtzäune um die Wohnbaracken der Gefangenen zu entfernen. Als diese Forderung nicht erfüllt wurde, gab er unter Protest seine Arbeit in Fort Getty auf. Fasziniert war Andersch auch von der Erfahrung, daß die amerikanischen Lehrkräfte ihre Schüler nicht wie ehemalige Kriegsgegner behandelten, sondern sie als gleichberechtigte Partner in die Diskussion um den Aufbau des zerstörten Deutschland einbezogen. Bei Henry Ehrmann vom Institute of World Affairs in New York und bei Arnold Wolfers von der Yale University wurde den deutschen Gefangenen ein neues Geschichtsbild nahegebracht, in welchem die *dynamische Wucht der Freiheitsidee*[91], das amerikanische Ideal der größtmöglichen individuellen Freiheit, bestimmend war. Durch Thomas Vernor Smith von der University of Chicago lernte Andersch die Analyse der gesellschaftlichen Grundlagen nach soziologischen Kategorien. *Schöpfer eines neuen Staates! In dieser Formel drückte sich die Voraussetzung aus, unter der das Experiment Getty unternommen wurde, die Annahme, daß jenseits des Atlantiks ein großes Land liege, das, zwar völlig geschlagen und besetzt, dennoch seiner Rekonstruktion als eines zusammenhängenden Organismus harre.*[92] Die Erwartungen an einen demokratischen Neubeginn, die in Fort Getty geweckt und diskutiert wurden, waren hoch; um so größer mußte die Enttäuschung für Andersch sein, als er nach seiner Rückkehr feststellte, daß die Ansprüche, die im Lager formuliert worden waren, sich unter der von den Amerikanern praktizierten Besatzungspolitik kaum würden einlösen lassen.

Nach 500 Tagen war Anderschs Gefangenschaft in den USA zu Ende. Von Boston aus wurde er nach Le Havre gebracht, von dort aus transportierte man ihn nach Darmstadt, wo er schließlich seine Entlassungspapiere erhielt. Der Seesack, den er aus Amerika mitgebracht hatte, war vollgestopft mit Büchern.

Zwischen Journalismus und Literatur

Der Rückkehr in das zerstörte Deutschland sah Andersch mit widersprüchlichen Gefühlen entgegen. Im Gefangenenlager hatte er die langerhoffte Bestätigung für sein schriftstellerisches Talent erhalten, in der Redaktion des «Ruf» war er als begabter Journalist aufgefallen; die hemmenden Selbstzweifel an seinen Fähigkeiten gehörten der Vergangenheit an. Deshalb drängte es ihn, nach der Entlassung die journalistische und literarische Arbeit fortzuführen, doch dies bedeutete auch, daß das vergleichsweise sichere und abgeschirmte Leben, das er als Gefangener geführt hatte, endgültig vorüber war. *Hinter den Stacheldrähten waren Zeit und Raum aufgehoben. Jetzt trat ich wieder in Raum und Zeit ein, unter Kieferschatten, in einem Nachmittagslicht bei Darmstadt. Ich fühlte Furcht. Ich fürchtete mich vor Deutschland. Die Zeit Deutschland, der Raum Deutschland kamen als Dunkelheit auf mich zu, als Katastrophe, als Chaos. Die Freiheit des Kriegsgefangenenlagers war das Gegenteil von Chaos gewesen. Das Chaos Deutschland war eine Drohung.*[93]
Der Anfang verlief besser als befürchtet. Seine näheren Angehörigen hatten das Ende des «Tausendjährigen Reiches» unversehrt überstanden, in Wuppertal fand er seine Lebensgefährtin Gisela Groneuer wieder. Einem Dokument, das ihn als Teilnehmer des «Prisoner of War Education Program» auswies, hatte er es zu verdanken, daß er in München in den Redaktionsstab der «Neuen Zeitung» aufgenommen wurde. Die «Neue Zeitung» war zwar offizielles Organ der US-Militärregierung in Bayern, geleitet wurde sie aber von linksliberalen deutschen Antifaschisten. Chefredakteur Hans Habe, der als jüdischer Journalist vor den Nazis hatte fliehen müssen und als amerikanischer Major nach Deutschland zurückgekommen war, teilte Andersch dem Feuilleton zu, dessen Chef Erich Kästner war. Es schien, als habe Andersch endlich zu seinem Beruf gefunden: *Ich war in einer großen Redaktion tätig. Es war unglaublich. Es grenzte ans Wunderbare. Ich fand mich, 31 Jahre alt, ganz plötzlich mitten in einer Welt, von der ich 12 Jahre lang angenommen hatte, ich würde sie nie betreten.*[94] Allerdings merkte er bald, daß auch diese neue Welt Schattenseiten hatte. So groß die erste Begeisterung gewesen war, um so deutlicher wurde nach kurzer Zeit, daß die offiziellen Leitlinien, die die Zeitung vertrat, nicht seinen eigenen entsprachen. Als Blatt der Militär-

Wohnsitz der Mutter bei Kriegsende: Hof Unterleiten in Schliersee. Hierher wurden die Andersch-Brüder aus der Gefangenschaft entlassen

regierung war die «Neue Zeitung» zur Loyalität gegenüber der Politik der Besatzungsmächte verpflichtet. Im Alltag der Nachkriegszeit zeigte sich aber oft der krasse Widerspruch zwischen den erklärten Absichten der Siegermächte und den tatsächlich praktizierten Maßnahmen. Die von den Amerikanern propagierte Politik der drei «D»: Demokratisierung, Denazifizierung und Dezentralisierung (der Machtstrukturen in Industrie und Wirtschaft) erwies sich nicht selten als ineffektiv und als nur halbherzig betrieben.

Alfred Andersch stieß sich vor allem am Programm zur Entnazifizierung, das die ehemaligen Parteimitglieder der NSDAP schematisch in fünf Gruppen einordnete, der Denunziation und Korruption Tür und Tor öffnete und in der Regel die Hauptschuldigen mit vergleichsweise milden Strafen oder gänzlich unbehelligt davonkommen ließ. Keineswegs einverstanden war er auch mit der von den West-Alliierten vertretenen These der Kollektivschuld, die davon ausging, daß das gesamte deutsche Volk zu gleichen Teilen Schuld an den Verbrechen des Nationalsozialismus trage. Durch diese pauschale Verurteilung werde, so Andersch, zum einen die Tatsache unterschlagen, daß es während des «Dritten Reiches» von verschiedenen Seiten Widerstand gegen das Regime gegeben hatte. Zum anderen lenke die Kollektivschuld-These davon ab, daß der Aufstieg der Hitler-Clique hauptsächlich der massiven Unterstützung und Förderung durch Wirtschaft und Großindustrie zuzuschreiben war. Eine plausible Antwort auf die Frage nach Schuld und Verantwortung war für Andersch in den Konzeptionen der Existenzphilosophie, genauer gesagt in den Schriften Jean-Paul Sartres zu finden. Der französische Existentialismus, stark geprägt von der Erfahrung des Verlusts der bürgerlichen Wertewelt, vertrat etwas scheinbar unerhört Neues, er forderte auf zur Negation aller «objektiven Ideen» und zum Bekenntnis einer bedingungslosen individuellen Verantwortung. *Sartre lesend empfand ich das Gefühl von einer herannahenden Veränderung... Die instinktive Abneigung der «Neuen Zeitung» gegen Sartre war für mich sehr lehrreich. Schon sehr früh begannen sich die Fronten abzuzeichnen.*[95]

Für Andersch bedeutete die «Neue Zeitung» nur eine Durchgangsstation auf dem Weg zu einer eigenen Zeitschrift. Während er noch in Kästners Feuilleton arbeitete, hielt er bereits Ausschau nach geeigneten Mitarbeitern und begann mit Planungen und Vorbereitungen. Kästner sah das, aber *ließ mich gewähren. Ich lernte bei ihm das Zeitungmachen, und ich habe kein Geheimnis daraus gemacht, daß ich Kenntnisse und Materialien nur sammelte, um aus seinem Redaktionsbüro so schnell wie möglich*

Erich Kästner

Mit Walter Kolbenhoff bei einer Tagung der «Gruppe 47», 1948

in mein eigenes zu wechseln... Ich sprach von Sartre, während er von Lessing sprach. Ich würde eine ganz andere Zeitung machen, als es die seine war.[96] Die *ganz andere Zeitung*, die ihm vorschwebte, sollte den Titel «Verlorene Generation. Kritische Blätter für junge Menschen» erhalten und dadurch die geistige Nähe und Gefühlsverwandtschaft zur «lost generation» der amerikanischen Literatur herausstellen. Einen Partner für dieses Projekt meinte er in Nicolaus Sombart, dem Sohn des Nationalökonomen Werner Sombart, gefunden zu haben. Allerdings zerschlug sich dieser Plan schon bald, Zufälle lenkten das Projekt in eine andere Richtung.

Im Frühjahr 1946 traf Andersch die beiden ehemaligen Mithäftlinge aus Fort Ruston und Redaktionskollegen aus dem «Ruf», Curt Vinz und Walter Kolbenhoff, wieder. Über die Vermittlung Sombarts lernte Andersch Erich Kuby kennen, der von der Information Control Divison (der Aufsichtsbehörde der US-Militärregierung für das Publikationswesen) beauftragt worden war, aus dem früheren Langen-Müller-Verlag in München einen neuen Verlag aufzubauen, die Nymphenburger Verlagshandlung. Bei einem Treffen beschlossen Kuby, Vinz und Andersch, statt der «Verlorenen Generation» einen neuen «Ruf» herauszugeben, der in der

Nymphenburger Verlagshandlung erscheinen sollte. Eine Redaktionsmannschaft wurde, schneller als erwartet, gefunden. Im Juni kam Hans
Werner Richter nach München, nachdem er durch Kolbenhoff von dem
Plan erfahren hatte. Curt Vinz machte Richter den Vorschlag, er solle
zusammen mit Andersch als Herausgeber fungieren. In Krailling bei
München wurde ein passendes Büro gefunden. So erschien am 15. August
1946 Heft 1 des Münchner *Ruf*, der im Unterschied zur früheren Kriegs-
gefangenenzeitschrift den Untertitel *Unabhängige Blätter der jungen Generation* trug.

Anders als in der Presse der ersten Nachkriegsjahre üblich kamen Herausgeber und Mitarbeiter des *Ruf* nicht aus konträren politischen Rich-
tungen, sondern bildeten eine geschlossene Redaktionsmannschaft mit
im wesentlichen gemeinsamer politisch-publizistischer Zielsetzung. Nicht
nur Andersch, Richter und Kolbenhoff, auch die ständigen Mitarbeiter
Walter M. Guggenheimer, Friedrich Minnssen, Walter Mannzen, Carl A.
Weber und Walter Heist verstanden sich als Sozialisten, jedoch ungebun-
den von Parteiprogrammen und ideologischen Überlegungen. Nach den
Erfahrungen mit dem Hitler-Faschismus und der Entwicklung der Sowjet-Union unter Stalin, die sie ablehnten, war ihnen jede parteipoliti-
sche Programmatik suspekt geworden; der in Parteien und Institutionen
organisierten Politik mißtrauten sie gründlich. Wonach die Zeitschrift
suchte war die Synthese von Freiheit, Demokratie und Sozialismus. Mit
der programmatischen Zielsetzung, sich von jeglicher politischen, ideologischen und moralischen Bevormundung loszusagen, wollte man der Generation der heimkehrenden jungen Soldaten, die, betrogen und enttäuscht, genug hatten von Staat und Parteien, ein Sprachrohr sein.

Im Leitartikel des ersten Hefts, unter der zuversichtlich gestimmten
Überschrift *Das junge Europa formt sein Gesicht*, entwickelte Andersch
das Grundverständnis des neuen *Ruf*. Die junge Generation, für Andersch der Hoffnungsträger einer besseren Zukunft, wird darin aufgeru-
fen, für ein demokratisches und vereinigtes Europa einzutreten, denn nur
diesem allein gab der *Ruf* eine Chance zu überleben. *Das Gesetz, unter
dem die Jugend Europas antritt*, schreibt Andersch, *ist die Forderung nach
europäischer Einheit. Das Werkzeug, welches sie zu diesem Zweck anzu-
setzen gewillt ist, ist ein neuer, von allen Traditionen abweichender Humanismus, ein vom Menschen fordernder und an den Menschen glaubender
Glaube, ein sozialistischer Humanismus. Sozialistisch – das meint in diesem Fall, daß Europas Jugend «links» steht, wenn es sich um die soziale
Forderung handelt. Sie vertritt wirtschaftliche Gerechtigkeit und weiß, daß
diese sich nur im Sozialismus verwirklichen läßt. In einem wirklichen Sozialismus, nicht in «sozialen Reformen». Der Menschengeist hat eine Stufe
erreicht, in der ihm der private Besitz von Produktionsmitteln ebenso absurd erscheint wie vor 2000 Jahren die Sklaverei. Die sozialistische Forderung schließt die Forderung nach einer geplanten Wirtschaft und eine –*

trotz allem – Bejahung der Technik ein. «Links» steht dieser Geist ferner in seiner kulturellen Aufgeschlossenheit, seiner Ablehnung nationaler und rassischer Vorurteile, seiner Verhöhnung des provinziellen Konservativismus. Humanistisch aber ist Europas Jugend in ihrem unerschöpflichen Hunger nach Freiheit. Humanismus bedeutet ihr Anerkennung der Würde und Freiheit des Menschen – nicht mehr und nicht weniger. Sie wäre bereit, das Lager des Sozialismus zu verlassen, wenn sie darin die Freiheit des Menschen aufgegeben sähe zugunsten jenes alten orthodoxen Marxismus, der die Determiniertheit des Menschen von seiner Wirtschaft postuliert und die menschliche Willensfreiheit leugnet. Fanatismus für das Recht des Menschen auf seine Freiheit ist kein Widerspruch in sich selbst, sondern die große Lehre, welche die Jugend Europas aus der Erfahrung der Diktatur zieht. Sie wird den Kampf gegen alle Feinde der Freiheit fanatisch führen. [97]

Das Aufbruchspathos des *Ruf* konnte auf die Dauer nicht darüber hinwegtäuschen, daß die Vorstellungen seiner Herausgeber über ein zukünftiges Deutschland von falschen Voraussetzungen ausgingen. Während Richter und Andersch das neu zu schaffende, unabhängige Deutschland als Mittler zwischen West und Ost, als *Herzstück jeder Verständigung* [98] zwischen dem kapitalistischen System der USA und dem kommunistischen der Sowjet-Union sahen, zugleich als Verbindungsglied eines von Großbritannien und Frankreich ausgehenden sozialistischen Europas, spielte Deutschland in Wirklichkeit nur die Rolle einer politischen und strategischen Manövriermasse im Spiel der Siegermächte. Daß Deutschland nach dem Ende der Nazi-Diktatur seine politische und soziale Existenz selbstbestimmt und in eigener Verantwortung wiederherstellen könne, war eine von den freiheitlichen Idealen gespeiste Wunschvorstellung des *Ruf*, die den tatsächlichen politisch-ökonomischen Realitäten in keiner Weise entsprach.

Als Andersch und Richter im Sommer 1946 den *Ruf* gründeten, war der Kalte Krieg bereits in vollem Gange. In den Westzonen standen die Zeichen nicht auf Erneuerung, sondern auf Restauration der politischen und gesellschaftlichen Verhältnisse der Zeit vor 1933. Aus der Sicht der amerikanischen Kontrollbehörden entwickelte sich die Zeitschrift immer mehr zu einem Störfaktor, weil sie die nach dem Regierungsantritt von Präsident Truman eingeleitete Wende vom Antifaschismus zum Antikommunismus nicht mitvollzog. Die beiden Herausgeber scheuten sich auch weiterhin nicht, die Besatzungspolitik an ihren eigenen Ansprüchen zu messen und zum Teil heftige Kritik an den Maßnahmen der Alliierten (die Sowjets eingeschlossen) zu üben. Das führte häufig genug zu Ermahnungen durch regierungsamtliche Stellen, trug aber gleichzeitig dazu bei, daß der *Ruf* eine breite öffentliche Resonanz erzielte und als eine der wichtigsten und wirklich «unabhängigen» Zeitschriften angesehen wurde. In allen vier Zonen zusammen zählte der *Ruf* mehr als 100 000 Abonnenten, die tatsächliche Leserzahl wird ein Vielfaches davon betragen haben. Es

Andersch beim Umbruch der Nummer 7 des «Ruf», München 1946

Jean-Paul Sartre

Simone
de Beauvoir

Albert Camus

wurde in der Leserschaft sogar der Wunsch geäußert, eine eigene *Ruf*-Partei zu gründen. Kein Gedanke hätte den Herausgebern ferner gelegen. Schließlich wollte die Zeitschrift ja gerade jegliche Parteiprogrammatik vermeiden und statt dessen eine von Parteien und Organisationen unabhängige Entwicklung zu einem «humanistischen Sozialismus» initiieren.

Alfred Anderschs Vorstellung lief auf einen dritten Weg hinaus zwischen dem kapitalistischen Modell des Westens, das sich durch den Faschismus selbst diskreditiert hatte, und dem Kommunismus in der Sowjet-Union, den er für eine Spielart der bürokratischen Verwaltung von Macht hielt. Deshalb trat er entschieden für ein Gesellschaftsmodell auf der Basis der Wirtschaftsdemokratie mit vergesellschafteten Produktionsmitteln ein, dessen geistige Grundlage aus der Verbindung von aufklärerisch-bürgerlichen Ideen, christlichen Wertvorstellungen und sozialistischem Gedankengut hervorgehen sollte. Für eine geistige Erneuerung in dieser Richtung standen die humanistischen und idealistischen Entwürfe von Arthur Koestler, Karl Jaspers, Georges Bernanos, Denis de Rougemont und André Malraux Pate, die das Dasein des Individuums in den Mittelpunkt stellten. Unübertroffene Leitfiguren waren aber die Vertreter des französischen Existentialismus: Jean-Paul Sartre, Albert Camus und Simone de Beauvoir. Ihre Philosophie leite, so Andersch, *die junge Generation, die unmittelbar aus dem unbedingtesten Gehorsam in*

57

den unbedingtesten Zweifel[99] gestürzt war, auf den notwendigen Weg der radikalen Skepsis gegenüber allen ideologischen Konzepten und *objektiven Werten*, und führe sie zur Besinnung auf die eigene Verantwortlichkeit. Die Möglichkeit, eigenverantwortlich handeln zu können, war eines der wichtigsten Parameter, nach welchem Andersch den Erfolg der Demokratisierung bemaß. Gegen das amerikanische Programm der Umerziehung der deutschen Bevölkerung zur Demokratie setzte er deshalb die *Wandlung als eigene Leistung*[100], die durch Einsicht und nicht durch verordnetes Lernen zu erreichen sei.

Solche Überlegungen paßten den amerikanischen Verantwortlichen ebensowenig in den Plan wie auch die Vorwürfe des *Ruf*, die amerikanische Demokratisierungspolitik sei von Heuchelei und Widersprüchen durchsetzt. In einer der schärfsten Attacken gegen die amerikanische Besatzungspolitik monierte Walter Heist, «daß es jetzt der Weltkapitalismus ist, der sich hinter den demokratischen Redensarten verbirgt. Man spricht von Demokratie und meint dabei die Ausschaltung mißliebiger Konkurrenten. Man spricht von der Befreiung der Völker und spannt sie in die eigenen imperialistischen Pläne ein. Das sieht das deutsche Volk, das ein empfindliches Gewissen hat, und es wird mißtrauisch.»[101]

Einschüchterungsversuche von amtlichen Stellen konnten die Herausgeber nicht beirren. Nur drei Tage nach der berühmten Rede Präsident Trumans, in der er betonte, es sei notwendig, den Kommunismus in allen Teilen der Welt einzudämmen, veröffentlichte Andersch, am 15. März 1947, einen leidenschaftlichen Aufruf zur Verwirklichung des Sozialismus. Besonders provozierend mag dabei in den Augen der amerikanischen Besatzungsmacht gewesen sein, daß er seine Thesen auf den Marxismus stützte, allen bürgerlich-reformistischen Vorstellungen eine klare Absage erteilte und auch die Reformmodelle der SPD kategorisch ablehnte: *Die große Lehre, die der Faschismus erteilt hat, besteht darin, daß er die Romantik enthüllt hat, die dem Reformismus, der glaubt, mit dem Bürgertum paktieren zu können, innewohnt. Die Wiederaufnahme revolutionärer Kampfmethoden zur Errichtung des sozialistischen Endziels ist heute eine conditio sine qua non. Sie schließt einen Verzicht auf jede Koalition mit jenen Kräften ein, die letzten Endes zum kapitalistischen Lager rechnen. Die schmalen Gruppen der bürgerlichen Intelligenz, die allein noch das edle Erbe des humanistischen Idealismus verwalten, haben längst begriffen, daß seine Bewahrung nur im Rahmen einer sozialistischen Demokratie möglich ist.*[102] Ein solch unverhohlenes Bekenntnis zum Sozialismus konnten die auf Antikommunismus eingeschworenen Zensur-Verantwortlichen nicht hinnehmen.

Nachdem es den amerikanischen Aufsichtsbehörden nicht gelungen war, Richter und Andersch zu disziplinieren, wurden sie am 2. April 1947, nach sechzehn Nummern des *Ruf*, mit Hilfe eines formalrechtlichen Tricks[103] als Herausgeber ausgeschaltet. Der offizielle Kündigungsgrund

Hans Werner Richter

lautete, sie hätten im *Ruf* nationalistischen Tendenzen Vorschub geleistet (weil sie die Politik der Alliierten kritisiert hatten) und nihilistische Parolen verbreitet. Erich Kuby führte die Zeitschrift als provisorischer Leiter weiter, wurde aber bald von Walter von Cube abgelöst, der den *Ruf* auf antikommunistischen Kurs steuerte und die Amerikaner im Kalten Krieg propagandistisch unterstützte. Zusammen mit Andersch und Richter verließ fast die gesamte Redaktionsmannschaft den *Ruf*.

Schon vor ihrer Absetzung hatten die beiden Herausgeber erkannt, daß ihre politischen Vorstellungen nicht durchsetzbar waren. In seinem letzten Beitrag für den *Ruf* – der nicht mehr gedruckt werden durfte – versuchte Richter die Bilanz aus der bisherigen nachkriegsdeutschen Entwicklung zu ziehen. Es wurde zu einem Eingeständnis der Niederlage: «Wir aber leben in einem politischen Klima, in dem der Sieg des Opportunismus anscheinend seine größten Triumphe feiert... Es ist opportun, Demokrat zu sein – also ist man Demokrat, es ist opportun, Sozialist zu sein – also ist man Sozialist. Aber es ist nicht opportun, einen freien und

59

neuen Ausblick nach vorn zu finden – also bleibt man beim alten... Der Sieg des Opportunismus, das ist der Beginn der zweiten Niederlage der deutschen und wahrscheinlich der europäischen Arbeiterklasse. Es sei denn, man erwacht aus seiner Lethargie, bevor es zu spät ist.»[104]

Mit dem *Ruf* hatten die intellektuellen Wortführer der Jungen Generation ihr Sprachrohr verloren. Andersch und Richter dachten aber nicht daran aufzugeben. Schon wenige Monate später versuchten sie, eine neue Zeitschrift zu gründen, die den Titel «Der Skorpion» erhalten sollte. Was ihnen mit dem *Ruf* genommen worden war, nämlich die Möglichkeit zu politischer Stellungnahme, glaubten sie durch eine stärkere Hinwendung zur Literatur wettmachen zu können. «Der Skorpion» sollte eine Zeitschrift mit literarischem Schwerpunkt werden, durch die man indirekt politisch wirken wollte. Zur Arbeit an der ersten Probenummer lud Richter im August 1947 diejenigen Freunde und Mitarbeiter des *Ruf* ein, die sich mit ihm und Andersch solidarisiert hatten. Zu dieser locker verfaßten Redaktionssitzung erschienen die wichtigsten früheren Beiträger des *Ruf*, neben Kolbenhoff, Sombart und Guggenheimer kamen auch Wolfgang Bächler, Wolfdietrich Schnurre, Heinz Friedrich und weitere zehn Redaktionskollegen. Andersch fehlte. Die dreitägige Zusammenkunft fand im Haus der Schriftstellerin Ilse Schneider-Lengyel in Bannwaldsee bei Füssen statt. Dieses Treffen ging in die Literatur- und Zeitgeschichte ein. Es markiert als erste Tagung der (später so genannten) «Gruppe 47» den Beginn der wichtigsten nachkriegsdeutschen Schriftstellervereinigung.

Auch als schon feststand, daß «Der Skorpion» ein totgeborenes Kind sein würde, weil die amerikanischen Behörden die Erscheinungslizenz verweigerten (mit dem bereits gegen den *Ruf* erhobenen Vorwurf, die Zeitschrift sei «nihilistisch»), obwohl sich vier Verlage um die Lizenz beworben hatten, setzte Richter die Treffen seines «Freundschaftsbundes von Schriftstellern» fort. Die zweite Tagung wurde im November 1947 in Herrlingen bei Ulm abgehalten. Diesmal nahm auch Andersch daran teil. Zum Abschluß des Treffens verlas er am 9. November seinen programmatischen Essay *Deutsche Literatur in der Entscheidung*. In diesem *Beitrag zur Analyse der literarischen Situation* versuchte er, die Leitideen einer erneuerten deutschen Literatur vorzuzeichnen und die Frage nach dem *gesellschaftlichen Standort des Kunstwerks wie des Schriftstellers*[105] zu diskutieren. Im Zentrum steht, den Zeitverhältnissen entsprechend, das von der amerikanischen Schule des new criticism aufgeworfene Problem der Wechselbeziehung von Politik und Literatur. Anderschs Sympathie gehört ganz eindeutig einer Schreibweise, die sich dem Realismus der «lost generation» verpflichtet sieht. Ansätze dazu findet er in der Prosa von Walter Kolbenhoff, Theodor Plievier, Wolfgang Borchert, Heinz Ulrich und Wolfgang Weyrauch und in der Lyrik Hermann Mostars verwirklicht. Es ist dies ein Realismus, der sich freimacht von politisch-tendenziellen

*Anderschs
erste Buchveröffentlichung
(Umschlagentwurf
von Martin Andersch)*

Vorzeichen und propagandistischen Untertönen, *die dem eigentlichen künstlerischen Anliegen des Realismus Abbruch tun. Realistische Literatur ist Literatur aus Wahrheitsliebe; die Wahrheit aber spricht immer für sich selbst, sie hat keine Tendenz und keine Predigt nötig.*[106] Denn im Nachkriegsalltag, wo überall *die Zeichen einer tiefgehenden geistigen und sozialen Umwälzung*[107] auszumachen seien, wo *die Brüchigkeit aller sich uns anbietenden objektiven Wertsysteme immer sichtbarer wird, da uns nichts bleibt als die schlechthinnige Existenz des Menschen, erscheint uns ein Realismus, der sich an propagandistische Vorzeichen bindet, doppelt absurd.*[108]

Dieses Plädoyer für eine von politischen Zwecksetzungen unabhängige Literatur – das gegenteilige Beispiel, eine auf die nazistische Volk-und-Führer-Ideologie eingeschworene «Dichtkunst», stand noch allzu deutlich vor Augen – verbindet Andersch mit der Empfehlung, sich mit den literarischen Strömungen des Auslands auseinanderzusetzen. Die deutsche Nachkriegsliteratur *wird beim Aneignen ausländischer Einflüsse zu ihrem Nutzen feststellen können, daß die neuen Schriftsteller, etwa Amerikas, Frankreichs, Englands und Italiens, sich auf durchaus ähnlichen Pfaden bewegen, künstlerisch aber dank der freiheitlichen Tradition ihrer Länder eine Form erreicht haben, die verarbeitet werden will, wenn man den Wunsch hat, eine deutsche Literatur zu schaffen, die aus provinzieller Enge heraustritt*[109]. Die Entscheidung, die Andersch jetzt für gekommen sieht, ist eine *Entscheidung zur Freiheit*, der sich die Literatur nicht entziehen darf. Freiheit bedeutet zunächst die *Ablehnung aller Wertsysteme, die sich selbst als absolut begreifen*[110]. Denn *diese Wertsysteme, die uns als Ausweg aus der Krise propagandistisch angeboten werden, bereiten unter der Maske höchster ethischer Postulate die tiefste Erniedrigung des Menschen*[111] vor: *den Krieg. Solange sich hinter den Begriffen der Freiheit und Humanität die Atombombe verbirgt, hinter dem der sozialen Gerechtigkeit das größte Landheer der Welt und hinter dem Begriff der Nation der faschistische Galgen, solange werden uns diese Begriffe selbst als ihres Inhalts beraubt und tief verdächtig gelten.*[112]

Einen möglichen Ausweg sieht Andersch im Existentialismus, wie er von Sartre vertreten wird, denn er stellt nicht nur alle Ideologien radikal in Zweifel, sondern betont auch *jenen letzten Wert*, den Wert, *den der Mensch selbst als Träger einer absoluten Freiheit besitzt*[113]. *In seinem Appell an die persönliche Entscheidung*[114] weist, so Andersch, *das existentielle Denken der menschlichen Freiheit den beherrschenden Platz ein, mehr noch, indem es Freiheit und Existenz identifiziert, die Viskosität eines entscheidungslosen Daseins gleichsetzt mit Unmenschlichkeit und Tod, übernimmt es die dialektische Rolle einer geistigen Bewegung, welche die Welt, um ein Wort von Marx zu gebrauchen, nicht nur interpretiert, sondern verändert.*[115] Anderschs Aufruf zur Verantwortlichkeit schließt konsequenterweise mit der Vorrede Sartres zur deutschen Ausgabe seines Dramas «Die Fliegen»: «Auch für die Deutschen, glaube ich, ist Selbstverleugnung unfruchtbar. Ich will damit nicht sagen, daß die Erinnerung an die Fehler der Vergangenheit verschwinden soll. Nein. Aber ich bin überzeugt, daß nicht eine willfährige Selbstverleugnung ihnen jenen Pardon verschafft, den die Welt ihnen gewähren kann. Dazu verhelfen ihnen nur: eine totale und aufrichtige Verpflichtung auf eine Zukunft in Freiheit und Arbeit, ein fester Wille, diese Zukunft aufzubauen, und das Vorhandensein der größtmöglichen Zahl von Menschen guten Willens.»[116]

Der von Andersch entwickelte Gedanke einer Erneuerung der Literatur aus dem Bekenntnis zum Realismus entsprach in vielen Punkten den Zielvorstellungen der Gruppe um Hans Werner Richter. Der in den ersten Jahren der «Gruppe 47» postulierte und praktizierte «Kahlschlag», eine von bildungsbürgerlichem Ballast, kalligraphischer Ästhetik und symbolistischer Wirklichkeitsverschleierung befreite Literatur, kam Anderschs Forderung nach nüchterner und realitätsbewußter Darstellung sehr nahe. Allerdings widersprach die programmatische Anlage seines Essays dem Grundgedanken Richters, der jegliche Programmatik und Grundsatzdiskussionen, sowohl politisch-gesellschaftliche als auch literaturtheoretische, von der Gruppe fernhalten wollte, um den Grundkonsens nicht zu gefährden. Anderschs Essay blieb der einzige, der je auf einer Tagung der «Gruppe 47» verlesen wurde. Die Programmlosigkeit, die bis zur Theoriefeindlichkeit ging, war auch ein wesentlicher Grund, warum Andersch die «Gruppe 47» nicht mittrug und in den folgenden Jahren nur selten an ihren Zusammenkünften teilnahm.

Der Hinweis von Andersch auf Sartre und den französischen Existentialismus war – zumindest im ersten Nachkriegsjahrzehnt – zu einem guten Teil auch Selbstinterpretation. In der um 1948 entstandenen Erzählung *Heimatfront* reicht der Einfluß Sartres bis ins Vokabular.[117] Die Hauptperson, auch hier mit dem Namen Werner Rott – Anderschs literarisches alter ego –, wird mit einer existentiellen Grenzsituation konfrontiert. Er erlebt die völlige Isolation des Individuums und spürt die innerlichen Zerstörungen, die der Krieg verursacht hat, der keinen Schlupfwinkel läßt: *Lauter Räume ohne Ausgang. Ein Krieg ohne Tür.*[118] Diese Welt ohne Rettung und Erlösung, in die die Menschen hoffnungslos eingeschlossen sind, hat ihr literarisches Vorbild in Sartres Drama «Huis clos».

Am entschiedensten wirksam geworden ist Sartres Einfluß jedoch in dem Buch, mit dem Andersch erstmals einer breiten Öffentlichkeit bekannt wurde: der 1952 erschienene autobiographische Bericht *Die Kirschen der Freiheit*, in dessen Mittelpunkt die existentielle Entscheidung zur Freiheit steht. Die ausschnitthafte Beschreibung der ersten 30 Jahre seines Lebens läßt Andersch in die Schilderung seiner Desertion an der italienischen Front münden. So erscheint die Desertion als Modellfall der existentiellen Entscheidung, die fast zwangsläufig aus den langen Jahren des Wartens auf Freiheit und Selbstverwirklichung in einer Umwelt von Zwang und Bevormundung resultiert. *Mein Buch hat nur eine Aufgabe: einen einzigen Augenblick der Freiheit zu beschreiben.*[119] Mehr als dieser kurze Augenblick, dieser Nu der Freiheit, ist nach Andersch nicht zu verwirklichen. Denn der Mensch lebt in einem Spannungsfeld zwischen Mut und Angst, Vernunft und Leidenschaft, in das er von seiner Natur her eingeschlossen ist. Im Moment der Entscheidung zwischen Mut und Angst, vor die er in Grenzsituationen gestellt wird, liegt die Möglichkeit zur Freiheit: *In jenem winzigen Bruchteil einer Sekunde, welcher der Sekunde der Entscheidung vorausgeht, verwirklicht sich die Möglichkeit der absoluten Freiheit, die der Mensch besitzt. Nicht im Moment der Tat selbst ist der Mensch frei, denn indem er sie vollzieht, stellt er die alte Spannung wieder her, in deren Strom seine Natur kreist. Aufgehoben wird sie nur in dem flüchtigen Atemhauch zwischen Denken und Vollzug. Frei sind wir nur in Augenblicken, die kostbar sind.*[120] Anderschs Freiheitsbegriff meint eine extrem individualistische Freiheit, die den Menschen, der sie in augenblickshaften Zuständen erlangt, für kurze Zeit aus dem Schicksal der Massen herausfallen läßt. Die conditio humana besteht für Andersch aber nicht einmal in der Verwirklichung dieses Freiheitserlebnisses, sondern in der Bewahrung der Fähigkeit, es v e r w i r k l i c h e n zu können. *Die Freiheit ist nur eine Möglichkeit, und wenn man sie vollziehen kann, so hat man Glück gehabt – worauf es ankommt, ist: sich die Anlage zur Freiheit zu erhalten.*[121]

Das Aufsehen, das *Die Kirschen der Freiheit* in der bundesdeutschen Nachkriegsgesellschaft erregte, verdankte das Buch aber nicht in erster Linie den existentialistischen Freiheitsvorstellungen, für die Andersch eintrat. Als provozierend wurde vor allem die bis zur Selbstkritik reichende schonungslose Offenheit empfunden, mit der er seine Lebensgeschichte als exemplarischen Fall darstellte, als Typus einer ganzen Generation, die politisch versagt, sich aber niemals opportunistisch angepaßt hatte. Inmitten der Aufbau-Euphorie, als die Erinnerung an die eigene schuldvolle Vergangenheit nur mehr als störend empfunden wurde, bekannte sich Andersch zu seinem persönlichen Teil der Verantwortung für die Hitler-Diktatur und zu seiner damaligen Unfähigkeit, Widerstand geleistet zu haben, als es notwendig gewesen wäre. Gerade als die Verhandlungen über die deutsche Wiederbewaffnung in vollem Gange waren, legte er dieses Buch vor, das mit dem Motto von André Gide beginnt: «Ich baue nur noch auf die Deserteure.»

Alfred Andersch rührte mit seinem Buch an Tabus, hinter denen die beginnende Wohlstandsgesellschaft ihr schlechtes Gewissen verbarg. So bestritt er die bindende Kraft des soldatischen Eides, sofern er unter Zwang abgelegt wird. Damit mußten sich all diejenigen angegriffen fühlen, die mit der Standardrechtfertigung, man habe nur auf Befehl gehandelt, jede eigene Verantwortung von sich abwälzen wollten. Andersch scheute sich auch nicht, den Mythos von der Kameradschaft im Krieg, das Herzstück aller verklärenden Erinnerungen an die «soldatische Gemeinschaft», anzutasten. Was er vom angeblichen Zusammengehörigkeitsgefühl der Truppe dachte, war unmißverständlich: *Sie hingen mir meterlang zum Hals heraus, die sogenannten Kameraden. Sie kotzten mich regelrecht an. Das Schlimmste an ihnen war, daß sie immer da waren. Kameradschaft – das bedeutete, daß man niemals eine Tür hinter sich zumachen und allein sein konnte.*[122] Dieser falschen Art von Kameradschaft hielt Andersch seine einstigen wirklichen Kameraden entgegen, die Genossen aus der Partei, mit denen er gemeinsam für den Sozialismus gekämpft hatte und die mit ihm im KZ gesessen hatten.

Ketzerisch im Sinne von Sartre, der engagierte Literatur ihrem Wesen nach als Häresie definiert[123], war es auch, daß sich Andersch in der Hochphase des Kalten Kriegs, als in der Bundesrepublik der Verbotsantrag gegen die KPD gestellt wurde, zu seiner Vergangenheit als kommunistischer Funktionär bekannte, dabei keineswegs in die antikommunistische Propaganda einstimmte und nicht wie manch andere aus der Abkehr von seiner kommunistischen Überzeugung politisches Kapital schlagen wollte.

Alfred Andersch wußte, daß sein autobiographischer Bericht eine Herausforderung war an alle, die sich über die faschistische Vergangenheit hinweglügen wollten. Kurt W. Marek, der Cheflektor des Rowohlt Verlags, dem er das Manuskript angeboten hatte, schrieb dazu in einem verlagsinternen Gutachten: «Hier liegt ein Buch vor, von dem ich annehme, daß wir es nach der Publikation in nicht mehr als siebzig Exemplaren verkaufen werden.»[124] Die von Andersch beabsichtigte «philosophische und moralische Legitimierung der Desertion»[125] hielt Marek für ein Thema, «für das sich wenig Buchhändler empfehlend einsetzen»[126] würden. Die Verhandlungen mit dem Rowohlt Verlag endeten erfolglos; in Eugen Kogons Frankfurter Verlagsanstalt konnte das Buch schließlich erscheinen.

Ein großer Teil der literarischen Kritik reagierte auf seine provozierenden Thesen positiv bis neutral, doch es gab auch eine Reihe wütend-aggressiver und infamer Angriffe gegen den Autor.[127] Im «Mannheimer Morgen» wurde er beschuldigt, sich der Gesellschaft gegenüber verantwortungslos gezeigt zu haben, weil er sich, wie die Fahnenflucht zeige, nur um sein eigenes Wohl gekümmert habe. Der konservative Literaturkritiker Hans Egon Holthusen unterstellte ihm Koketterie und mangelnde gedankliche Schärfe, im Düsseldorfer «Fortschritt» wurde er als Deutschland-Feind denunziert, die Stuttgarter «Deutsche Zeitung und Wirtschaftszeitung» bezeichnete Anderschs Desertion als «Abfall vom Volk», und die «Deutsche Soldatenzeitung» schmähte ihn einen Feigling, der seine Kameraden im Stich gelassen habe. An dem Buch interessiert zeigte sich auch das Ausland. Vor allem in Frankreich wurde es häufig besprochen und überwiegend positiv beurteilt; dort hatte man seine Bedeutung als Anti-Kriegsbuch ohne Zögern erkannt.

Aufschlußreich war auch eine Verwechslung. Die Münchner «Abendzeitung» hatte statt eines Fotos von Alfred Andersch das Bild des nicht mit ihm verwandten Kaufmanns und ehemaligen Kapitäns a. D. Franz Andersch abgedruckt. Daraufhin wollte dieser die Verwechslung berichtigt wissen, weil er als vermeintlicher Autor der *Kirschen* seine Geschäftsinteressen beeinträchtigt fand. Die Zeitung kam der Aufforderung nach und merkte in einem Kommentar dazu an: «So hat unser Irrtum einen anderen schwerwiegenden aufgedeckt. Ein Buch, das den Krieg anklagt um des Menschen willen, wird von eben den Menschen, die alle unter dem Grauen des Krieges gelitten haben, als Beleidigung ihrer Soldatenehre empfunden. Sind wir wirklich schon wieder soweit?»[128]

Die Rundfunkarbeit / «Texte und Zeichen»

Nach dem April 1947 erhielt Andersch von verschiedenen Zeitschrifte
Angebote zur Mitarbeit. Vom August an schrieb er für die von Euge
Kogon und Walter Dirks herausgegebenen «Frankfurter Hefte», die i
ihrer politischen Zielsetzung ähnliche Positionen vertraten wie A
derschs und Richters *Ruf*. Kogon war es auch, der Andersch dem Send
«Radio Frankfurt» (aus dem später der «Hessische Rundfunk» hervo
ging) empfahl. Die Kulturredaktion von «Radio Frankfurt», geleitet vo
Golo Mann, später von Hans Mayer, war dabei, etwas aufzubauen, *was*
bis dahin noch nicht gab, außer bei dem Sender der englischen Militärregi
rung in Hamburg: ein drittes Programm[129]. Andersch wurde beauftrag
nach dem Vorbild des «3rd programme» der BBC ein kulturell ansprucl
volles Nachtprogramm – das «Abendstudio» – zu schaffen. Wenige W
chen nach der Währungsreform in den Westzonen, am 1. August 194
bezog Andersch sein Büro im Sendehaus an der Eschersheimer Lan
straße in Frankfurt. Seine erste Sendung als Kulturredakteur bei
«Abendstudio», eine Arbeit über Ernest Hemingway, wurde am 19. O
tober ausgestrahlt.

Um neben der Rundfunkarbeit möglichst ungestört seinen Buchpr
jekten nachgehen zu können, bezog Andersch eine Wohnung auf der idy
lisch gelegenen Burg Kerpen in der Eifel. Dorthin konnte er sich zurüc
ziehen, wenn er in Ruhe schreiben wollte, dieser Wohnsitz bot aber au
seiner inzwischen sechsköpfigen Familie reichlich Platz. Zusammen n
ihren Eltern – Alfred Andersch und Gisela Groneuer ließen sich 19
standesamtlich trauen – lebten auf Burg Kerpen die Geschwister Pet
und Cordula (die Kinder aus Gisela Groneuers erster Ehe, die Anders
später adoptierte) und die gemeinsamen Söhne von Gisela Groneuer u
Alfred Andersch, Martin und Michael. 1950 kam als drittes gemeinsam
Kind die Tochter Annette hinzu. Die Anderschs blieben bis 1952 auf Bu
Kerpen.

Da die Rundfunksender – zunächst als Organe der Besatzungsmäch
von 1949 an, nach Gründung der Bundesrepublik, als öffentlich-rec
liche Anstalten – im Unterschied zu Presse- und Buchverlagen kau
Rücksicht zu nehmen brauchten auf marktwirtschaftliche Überlegunge
auf Verkaufs- und Umsatzzahlen, waren sie ein fast ideales Medium, u

neue, auch dem Massengeschmack entgegengesetzte literarische Formen einer breiteren Öffentlichkeit vorzustellen. Die Feuilletons der Rundfunksender boten Spielraum für Avantgardistisches und Experimentelles und für vieles, was bis dahin noch unbekannt war. Das kam nicht zuletzt den Autoren zugute, die nach dem Krieg zu schreiben begonnen hatten und – sofern sie überhaupt gedruckt wurden – von ihren Buchveröffentlichungen meist nicht leben konnten. «Andersch nutzte die Sendeanstalten als Überlebenskassen für schon wieder verrufene Schriftsteller» [130], schrieb Wolfgang Koeppen, dem Andersch wie Arno Schmidt und zahlreichen anderen Autoren beim Rundfunk Arbeitsaufträge verschaffte.

Die Leitlinie seiner Arbeit hatte Andersch in dem Essay *Deutsche Literatur in der Entscheidung* formuliert: alles zu tun, um wieder aus der geistigen Quarantäne herauszufinden, in die Deutschland in zwölf Jahren der Diktatur geraten war. Ein festumrissenes Konzept für das «Abendstudio» hatten er und seine Mitarbeiter jedoch nicht. *Was wir hatten, war ein riesiger und planloser Nachholbedarf... Da man aber nicht alles und jedes nachholen konnte, kam es darauf an, die wirklich wichtigen Dinge herauszufinden und diese schnell zu rezipieren, auf daß aus dem deutschen Kulturleben der Nachkriegszeit der Hautgout des Provinziellen möglichst schnell verschwände... Aber die Hauptakzente lagen natürlich auf den Meistern der amerikanischen Moderne, auf dem französischen Existentialismus und auf allem, was sich an junger deutscher Literatur nach dem Kriege regte.* [131]

Innerhalb kurzer Zeit wurde Andersch zu einem der wichtigsten Förderer der neuen deutschen und Vermittler der modernen ausländischen Literatur, der es verstand, den Rundfunk als eigenständiges literarisches Medium zu handhaben. Neben Ernst Schnabel, dem Intendanten des Nordwestdeutschen Rundfunks, sorgte vor allem Andersch – mit eigenen und fremden Produktionen – dafür, daß die mit dem Ende der Weimarer Republik abgebrochene Tradition des literarischen Hörspiels wiederaufgenommen wurde. Sein Debüt als Hörspielautor gab er im Oktober 1950 mit der Sendung *Biologie und Tennis*, einem *Zeitstück gegen den Antisemitismus* [132].

Neben dem Hörspiel versuchte er auch, die Reportage als literarische Kunstform, wie sie in den zwanziger Jahren von Egon Erwin Kisch und anderen entwickelt worden war, im Rundfunk zu etablieren. Eine Art Zwischenstellung zwischen Hörspiel und literarischer Reportage nimmt das Funk-Feature ein, mit dem Andersch sich einen Namen machte. In den Jahren um 1950 galt er als einer der besten und versiertesten Autoren dieser Sendegattung. Diese aus den angelsächsischen Ländern stammende Funk-Form hatte es bis dahin im deutschen Rundfunk noch nicht gegeben. Das Feature, eine Mischung aus Reportage, Darstellung und Kommentar, Sprache und Musik, die ein Ineinander von Fiktion und

Dokumentation erlaubt, somit *eine Montagekunst par excellence*[133], bot unerschöpfliche Möglichkeiten für sprachlich-akustische und literarisch-ästhetische Experimente. Daß Andersch diese Sendegattung für *eine wirklich eigene literarische Form*[134] hielt, bewies er schon mit seinem ersten eigenen Feature. Thema war der Plan des französischen Außenministers Schuman, zwischen Frankreich und der Bundesrepublik eine Montan-Union zu gründen. Die dreiteilige Sendung *Das starke Dreieck* wurde im September 1951 ausgestrahlt. Den nüchternen Stoff hatte Andersch zu *Szenen aus einem Roman des Schuman-Plans*, so der Untertitel, ausgearbeitet.

Die Beschäftigung mit rundfunkspezifischen Formen der Literatur wirkte sich auch auf seine sonstige schriftstellerische Praxis aus. Das Material für die in den fünfziger Jahren entstandenen Erzählungen und Reiseberichte verwendete er häufig für Hörspiele und Features; von beispielsweise 64 Sendungen des Süddeutschen Rundfunks von oder über Alfred Andersch, die innerhalb von 25 Jahren (von 1953 bis 1978) ausgestrahlt wurden, erschien knapp die Hälfte auch im Druck, verarbeitet als Buch oder in anderer Form. Umgekehrt hatten die in der Rundfunkproduktion angewendeten Montage- und Collagetechniken auch Einfluß auf Anderschs Prosa aus dieser Zeit. So nahm er etwa in den Erzählband *Geister und Leute*, in dem Texte aus den Jahren 1949 bis 1957 versammelt sind, zwei Stücke auf, zu denen angemerkt ist, daß er bei ihnen *eine Technik angewendet habe, die man mit dem ‹Cuttern›, dem Filmschnitt, vergleichen kann*[135]. Andersch hat in vielen seiner Arbeiten die Adaption technischer Verfahrensweisen, eine «Technisierung der literarischen Produktion» im Sinne Brechts[136], erprobt. Dem Roman *Sansibar oder der letzte Grund* zum Beispiel wurden «filmische Qualitäten» zuerkannt. Der Eindruck einer «filmischen» Erzählweise entstand durch die konsequente Parallel- und Simultanführung der Figuren, mit der er eine Annäherung an die in Rundfunk und Film praktizierten Montage- und Schnittechniken erzielte. Sein Interesse an einer Erweiterung der erzählerischen Mittel durch die Aneignung technischer Gestaltungsweisen bestätigt sich auch in den Aufsätzen zum Film, in denen er auf die Übereinstimmungen zwischen der Ästhetik der Kinematographie und der Ästhetik der Literatur aufmerksam machte.[137]

Im Rückblick auf seine Arbeit im Frankfurter Sender hat Andersch die Freiräume hervorgehoben, die ihm der Rundfunk bot. Er konnte *jeden Gedanken senden, den er für wichtig hielt*[138], schrieb er eineinhalb Jahrzehnte später in dem autobiographischen Text *Der Redakteur*. Allerdings kam ihm erst spät zu Bewußtsein, welchen Preis er dafür zu zahlen hatte: die Arbeit fand in einem intellektuellen Getto statt, in dem die aktuellen gesellschaftlichen Auseinandersetzungen kaum wahrgenommen wurden. Die nonkonformistische Haltung lief Gefahr, zum Selbstzweck zu werden: das Interesse am Avantgardistischen und die Freude am Experimentellen täuschten darüber hinweg, daß die Vermittlung literarischer Texte allein noch keine gesellschaftskritischen Analysen und keine politischen Handlungen ersetzte. *Wir saßen zwischen Stapeln von Büchern und Zeitschriften, die noch niemand in Deutschland kannte, und wir beeilten uns, dieses unerhörte Wissen anderen mitzuteilen, mit Hilfe interessanter und kompetenter Leute aus aller Welt, die uns besuchten. Wenn ich heute die erste Hälfte der fünfziger Jahre charakterisieren soll, so kann ich dies nur, indem ich sage, daß wir auf eine ganz einfache und kaum reflektierte Art an die Literatur glaubten, und natürlich ganz besonders an die neue Literatur, an das neue Denken. Es schien uns selbstverständlich, daß die Bücher – die von Hitler unterdrückten Bücher, vor allem aber die nach dem Faschismus entstandenen und weiter entstehenden Werke – eine ganz neue Welt entstehen lassen würden. Ganz unbewußt – wir kannten damals weder das Wort noch den Begriff – haben wir nach dem Prinzip Hoffnung gelebt. Was für Narren wir doch waren! Wir haben an die Literatur geglaubt! Nur deshalb haben wir, ohne uns einen Augenblick zu besinnen, und fast wahllos, Texte gesendet. Ein neuer Text – und das Leben würde sich ändern!*[139]

Übersehen hatten Andersch und seine Mitarbeiter zudem, daß neben der ideologischen und politischen Restauration des Staates auch die Restauration der überkommenen Formen literarischer Wirklichkeitserfahrung in vollem Gange war. Auf dem literarischen Markt hatten die bewährten Muster, Techniken, Stile und Themen Konjunktur, nicht aber der Avantgardismus, auf den Andersch setzte. Die wirklich zeitgenössische Literatur, der es darum zu tun war, die gegenwärtigen Erfahrungen sprachkritisch und mit neuen ästhetischen Mitteln darzustellen, fristete ein Schattendasein, wurde vom breiten Publikum abgelehnt und von der Kritik abgewertet. So erging es, um nur zwei Beispiele herauszugreifen, Wolfgang Koeppen mit seinem Buch «Das Treibhaus» und Arno Schmidt mit «Das steinerne Herz», die beide die anachronistisch gewordene Form des bürgerlichen Romans sprengten.

Das Interesse an einer neuen Sprache, an neuen Ausdrucksformen der ästhetisch-kritischen Auseinandersetzung mit zeitgenössischen Erfahrungsstrukturen stieß allenfalls bei einer kulturell aufgeschlossenen Minderheit auf Resonanz. Anderschs «Abendstudio», dessen Sendezeiten in der Regel zwischen 22 und 24 Uhr lagen, förderte, ohne es zu beabsichtigen, die *Ausschaltung riesiger Hörerkreise*[140], indem es sich mit einem Programm für die kulturelle Elite begnügte. Die Betreiber der Restauration ließen sich davon natürlich nicht beeindrucken. Denn von einem *Getto-Programm aus einfachen Texten gegen die Restauration und für ein neues Leben*[141] waren keine gesellschaftsverändernden Wirkungen zu befürchten.

Diese Einsicht änderte zunächst aber kaum etwas an der inhaltlichen Konzeption seiner Arbeit, durch die Andersch sich innerhalb des Rundfunkbetriebs einen guten Ruf erworben hatte. Vom Nordwestdeutschen Rundfunk erhielt er das Angebot, die gemeinsame Feature-Redaktion

Wolfgang Koeppen

des Hamburger und Frankfurter Senders zu übernehmen. Zum Jahresende 1952 siedelte Andersch zusammen mit seiner Frau Gisela und den fünf Kindern nach Hamburg über. Dort hielt es ihn aber nur zwei Jahre. 1955 wechselte er zum Süddeutschen Rundfunk nach Stuttgart, wo er Gründer und Leiter der Abteilung «radio-essay» wurde. Zuvor hatte man ihm eröffnet, daß er – obwohl er der am besten geeignete Mann für diese Aufgabe sei – in Frankfurt niemals Abteilungsleiter der Kulturredaktion werden könne. Die Begründung hierfür: man habe erfahren, er sei aus der Kirche ausgetreten.

Auch nach seinem Weggang aus Frankfurt übte Andersch «Kulturverweigerung». Von 1952 bis 1953 gab er, unterstützt von Eugen Kogon und Walter M. Guggenheimer, in der Frankfurter Verlagsanstalt die Reihe *Studio Frankfurt* heraus. Diese Reihe war Anderschs Antwort auf den Massengeschmack und an den deutschen *Bildungsspießer, der sich an seinem Ernst Wiechert oder Rudolf G. Binding erbaut*[142], zugleich aber auch eine Reaktion auf die konservative Politik der großen Verlagshäuser, die Experimente scheuten und lieber auf den überkommenen bildungsbürgerlichen Literaturkanon setzten. In Anderschs Reihe erschienen ohne Ausnahme nur solche Werke, die auf dem literarischen Markt kaum Chancen hatten, gedruckt zu werden: Erzählungen, Hörspiele, Reportagen, Tagebücher, Opernlibretti, Essays – von Autoren, die bis dahin so gut wie unbekannt waren: Heinrich Böll (mit seiner Satire «Nicht nur zur Weihnachtszeit»), Wolfgang Hildesheimer, Arno Schmidt, Hans Werner Henze, Ingeborg Bachmann (mit ihrem ersten Gedichtband «Die gestundete Zeit»).

Im Programm des «radio-essay» setzte Andersch diese Linie fort. Auf seine Initiative hin wurden – zum erstenmal in der Bundesrepublik überhaupt – Stücke von Arthur Adamov und Samuel Beckett, von Günter Grass und Alfred Jarry gesendet. Lange bevor sie von der literarischen Öffentlichkeit wahrgenommen wurde, setzte sich Andersch für Nelly Sachs ein. Ihr in den Kriegsjahren entstandenes Stück «Eli – Ein Mysterienspiel vom Leiden Israels», von zahlreichen Bühnenintendanten als nicht spielbar eingestuft, wurde auf Vorschlag von Andersch in einer von Imo Wilimzig erarbeiteten Hörspielfassung im Mai 1958 gesendet.[143] Nelly Sachs blieb dem Förderer ihrer Werke, diesem «wunderbaren Mann»[144], wie sie Andersch in einem Brief nannte, zeitlebens freundschaftlich verbunden.

Norwegisches Blockhaus der vierziger Jahre in Duvenstedt/Wohldorfer Wald – Anderschs Wohngegend in Hamburg während der Nachkriegszeit

Wenn es darum ging, junge Autoren zu unterstützen und innovative Entwicklungen zu fördern, ließ Andersch kaum etwas unversucht. Häufig genug scheiterten seine Bemühungen an den starren Verkaufserwägungen der Verleger, die am liebsten von vornherein jegliches finanzielle und juristische Risiko ausgeschlossen hätten. Bei seinen Versuchen etwa, in den fünfziger Jahren für Arno Schmidt einen Verlag zu finden, handelte er sich regelmäßig Absagen ein. Nicht anders erging es ihm bei Herausgebern von literarischen Zeitschriften. Nachdem die im renommierten S. Fischer Verlag erscheinende «Neue Rundschau» nach anfänglichem Interesse Anderschs Vorschlag abgelehnt hatte, in einer losen Folge von Sonderheften die deutsche Nachkriegsliteratur vorzustellen, faßte er den Entschluß, dieses Projekt in eigener Regie durchzuführen. Seit seiner Übersiedlung nach Hamburg hatte er schon mit dem Gedanken an eine eigene literarische Vierteljahresschrift gespielt, mit der *das «Geist»-Monopol solcher Senilismen wie des «Merkur» und der «Neuen Rundschau» endlich gebrochen wird* [145]. Seine Zeitschrift sollte «Der Rabe. Nachrichten für Städtebewohner» heißen und *nur kritische, scharf polemische Beiträge zur Literatur, Kunst und Musik* [146] enthalten. Der Plan erwies sich zunächst jedoch als undurchführbar – die Verleger zeigten wieder einmal kein Interesse.

Eine Chance ergab sich erst, als er 1954 mit Eduard Reifferscheid, dem Inhaber des Luchterhand Verlags, in Kontakt trat. Reifferscheid hatte vor, seinen ehemaligen juristischen Fachverlag mit einem literarischen Programm zu profilieren. Dabei kam ihm Anderschs Absicht, eine literarische Zeitschrift herauszugeben, sehr gelegen, da er den Aufbau des belletristischen Programms mit einer repräsentativen Literaturzeitschrift fördern wollte. Andersch hatte sein Ziel erreicht. Als hochsubventioniertes Aushängeschild für den Luchterhand Verlag erschien am 15. Januar 1955 das erste Heft der Zeitschrift *Texte und Zeichen.*

Schon in der strengen Aufmachung unterschied sich *Texte und Zeichen* von allen vergleichbaren literarischen Zeitschriften dieser Jahre. Die an Piet Mondrian, den de Stijl-Künstlern und den Konstruktivisten geschulte Gisela Andersch entwarf ein Cover, das zu verstehen gab, daß man weder den biederen Massengeschmack bedienen noch bildungsbürgerlichen Provinzialismus verbreiten wollte. Andersch betonte, seine Zeitschrift sei *sehr bewußt nicht nach dem dilettantischen und schlechten (romantischen) Konzept eins «wild-kämpferischen» Blättchens auf schlechtem Papier und mit Breitenwirkung angelegt* [147], sie sollte vielmehr *eine große, sehr vornehme, sehr abgehobene Vierteljahresschrift auf der Vittorini-Beckett-Borges-Faulkner-Koeppen-Ebene* [148] werden. Die Zeitschrift begann ihr Erscheinen mit Aplomb. Nach der Veröffentlichung von Arno Schmidts Erzählung «Seelandschaft mit Pocahontas» erhielten Verleger, Herausgeber und Autor eine Anzeige wegen «Gotteslästerung» und «Verbreitung unzüchtiger Schriften». In ihrer avantgardistischen Haltung hob sich die Zeitschrift

Mit Arno Schmidt, 1964

provokativ vom herrschenden Zeitgeschmack ab und praktizierte mit non-chalanter Selbstverständlichkeit einen literarischen Internationalismus, der in der westdeutschen Publizistik der fünfziger Jahre ohne Beispiel war. Nie zuvor waren in solcher Breite deutsche Erstveröffentlichungen auslän-discher Autoren vorgestellt worden. *Texte und Zeichen* machte bekannt mit den Werken von Arthur Adamov, Samuel Beckett, Jorge Luis Borges, E. E. Cummings, Pablo Neruda, Saint-John Perse, Elio Vittorini, Dylan

Die erste Nummer von «Texte und Zeichen»
(Umschlagentwurf von Gisela Andersch)

Thomas und Cesare Pavese – um nur einige der wichtigsten Namen zu nennen. Veröffentlicht wurden Aufsätze über die zeitgenössische Literatur in Schweden, Berichte über afrikanische und lateinamerikanische Dichtung, über die Literatur in der Volksrepublik China und über literarische Entwicklungen in der DDR. Eine umfangreiche Zahl von Nachkriegsautoren fand in *Texte und Zeichen* ein Forum: darunter nicht wenige, die hier erstmals gedruckt wurden. Die Liste reicht von Hans Magnus Enzensberger über Martin Walser bis zu Günter Grass, von Paul Celan über Helmut Heißenbüttel und Wolfgang Weyrauch bis zu Ludwig Harig.

Kunst- und Literaturkritiker wie Theodor W. Adorno, Walter Jens und Harry Pross nahmen in Kritiken, Polemiken und Analysen Stellung zu aktuellen kulturgeschichtlichen Entwicklungen. Bemerkenswert war auch der hohe Anteil an Zeichnungen, Abbildungen und Fotos: abgedruckt wurden zum Beispiel Holzschnitte von Hans Arp, Zeichnungen von Saul Steinberg und Marc Chagall, Fotos von Otl Aicher und Aufnahmen von Plastiken der Bildhauer Max Bill und Alberto Giacometti.

Texte und Zeichen hatte einen einzigartigen Rang. Vieles von dem, wofür Andersch bereits in den fünfziger Jahren eintrat, wurde, mit erheblicher Verzögerung, Jahre später in seiner künstlerischen Bedeutung erkannt und anerkannt. In einem Brief an Gottfried Benn schrieb er über die Wirkungsabsicht seiner Zeitschrift: *Am liebsten hätte ich etwas sehr Offensives und Provozierendes, und zwar nicht aus Lust an der Sensation, sondern weil das Sensationelle innerhalb der sich immer mehr in einer Art höherer Langeweile abschließenden Gesellschaft die Funktion hat, an Ordnungen zu erinnern, die über die Administration von Tabus hinausgehen.*[149] Dieser Brief enthält den zentralen Gedanken der Überlegungen zur gesellschaftlichen Aufgabe von Literatur und Kunst, die Andersch im Januar-Heft 1956 von *Texte und Zeichen* dargestellt hat. In dem immer noch lesenswerten Aufsatz *Die Blindheit des Kunstwerks* erläutert er die Grundlagen seines Literatur- und Kunstverständnisses. Mit Entschiedenheit wendet er sich gegen alle Vertreter des l'art pour l'art-Prinzips, gegen eine Ästhetik also, *die in ihren letzten Ausformungen erklärt, der einzige Inhalt der Kunst sei ihre Form*[150]. Eine solche Auffassung bedeute nämlich nicht nur die *Reduktion des Kunstwerks auf ein Arrangement formaler Qualitäten*[151], sondern auch die vollständige Preisgabe des gesellschaft-

Helmut Heißenbüttel

lichen Anspruchs von Kunst und Literatur. Dieser werde gewahrt in dem Bemühen, die Gesellschaft «offen» zu halten; eine geöffnete Gesellschaft zeichne sich dadurch aus, *daß sie die Negation ihrer selbst zuläßt. Sie bringt den Mut auf, sich der Kritik ihrer Grundlagen zu stellen. Insofern ist sie die einzige Ordnung, die Freiheit zu verwirklichen.*[152] Wo dies, wie in der selbstgefälligen Wirtschaftswunder-Demokratie der Bundesrepublik, nicht mehr gewährleistet ist, kommt es der Kunst zu, Widerstand zu leisten gegen die ideologischen Versteinerungen des gesellschaftlichen Systems, sich der *Administration von Tabus*[153] zu verweigern und das Bestehende einem radikalen Zweifel zu unterziehen. Oberstes Ziel der Kunst müsse es sein, durch die Kritik der Gesellschaft den Blick freizugeben auf die in den gesellschaftlichen Verhältnissen angelegten Möglichkeiten zur Veränderung. In Anlehnung an Horkheimers und Adornos Begriff der «Kulturindustrie»[154] erteilt Andersch dem bürgerlichen Kulturbetrieb, der die Kunst auf ihren schönen Schein reduziert und sie als Dekoration für politische Zwecke mißbraucht, eine klare Absage. *Innerhalb der von Ideologien ausgefüllten Gesellschaft*[155] ist heute die Kultur *als Gegenstand staatlicher Verwaltung und Erzeugnis der nach ihr benannten Industrien das Anti-Künstlerische schlechthin; sie ist als Etat, terminiertes Programm, Tagung, «Gespräch», Spielplan, paritätisch fixiertes Ausstellungswesen, Organisation von Akademien und Festspielen, Selbstkontrolle, «Förderung» und Erziehung nichts anderes als ein totaler Versuch, den Strahlungskern der Kunst und des schöpferischen Denkens einzuzäunen und unschädlich zu machen.*[156] Nur in der Verweigerung gegen diesen Kulturbetrieb könnten der Eigenwert und die Eigengesetzlichkeit des Kunstwerks bewahrt und seine Kraft zur politischen Opposition erhalten werden.

Sosehr sich Andersch dagegen auflehnte, vom Kulturbetrieb vereinnahmt zu werden, so war doch nicht zu übersehen, daß *Texte und Zeichen*, trotz ihres nonkonformistischen Programms, sich ihm nicht vollständig entziehen konnte und nach wie vor seinen Regeln unterstand. Aus «marktwirtschaftlichen Erwägungen», wie es hieß, wurde die Zeitschrift nach sechzehn Ausgaben zum Jahresende 1957 eingestellt. Sie war nicht mehr profitabel genug und hatte ihre Aufgabe als Werbemittel für den Verlag erfüllt. Am 15. Juli 1957 schrieb Andersch an Arno Schmidt: *Unter uns darf ich Ihnen freilich sagen, daß ich der Sache unendlich müde bin, zurzeit auch völlig überarbeitet und aller möglichen Kurzschlußhandlungen fähig.*[157] Die jahrelange Arbeitsüberlastung durch seine gleichzeitigen Aktivitäten als Rundfunkredakteur, Herausgeber und Buchautor hatte seine Kräfte erschöpft.

Ein «ausgekochter Ästhet und Schriftsteller des Engagements»

Mitte 1958 übersiedelte Andersch, zusammen mit seiner Frau Gisela und seinen Kindern, in ein Tessiner Bergdorf. Sein Weggang erregte Aufsehen, schließlich gehörte er zur Riege der führenden Männer im literarischen Leben der Bundesrepublik. Da er öffentlich mit Erklärungen sehr sparsam umging – seine lakonische Antwort war, er wolle an größeren Prosastücken arbeiten und suche deshalb in der Schweiz die dafür nötige Ruhe und Abgeschiedenheit –, fehlte es nicht an Spekulationen und Mutmaßungen über die genaueren Gründe. Von einer «Flucht» in die Schweiz war die Rede und von einem «strategischen Rückzug» aus der restaurativen Kulturszene Westdeutschlands. Am ehesten traf es wohl Hans Werner Richter. Er meinte, Andersch habe jetzt endlich nachgeholt, was er während der Hitler-Diktatur versäumt hatte, nämlich die Emigration. Es war ein denkwürdiges Zusammentreffen, daß Andersch gerade zu dem Zeitpunkt seinem Heimatland den Rücken kehrte, als Bundespräsident Heuss in die Schlagzeilen kam, weil er bei deutschen Emigranten, Flüchtlingen und von den Nazis Vertriebenen dafür warb, ins «demokratische Deutschland» zurückzukehren.

Alfred Anderschs Entschluß kam nicht überraschend, jedenfalls nicht für diejenigen, die ihm nahestanden. Schon Anfang der fünfziger Jahre hatte er im Kreis von Vertrauten angedeutet, daß er nicht in der Bundesrepublik bleiben wolle. Die Angriffe gegen ihn nach der Veröffentlichung der *Kirschen der Freiheit*, die bis zu Morddrohungen gingen, haben sein Vorhaben wenn nicht begründet, so doch bestärkt. Wie seine Ehefrau Gisela berichtet: «Ich habe dann gemerkt, daß er oft sagte, ‹Ach, ich glaube, wir können dieses Land ruhig verlassen›[158].» In Arno Schmidt fand er einen Gleichgesinnten, bei dem er sich, verbittert über die desillusionierenden Verhältnisse im Adenauer-Staat, Luft machen konnte. In einem Brief vom Dezember 1956 kündigt er seinem Freund in harten Worten eine *neue Desertion* an, *denn ich habe für Deutschland nur noch Verachtung und Haß übrig und hoffe, daß es mir in diesem Leben gelingt, einmal nichts mehr mit den Deutschen zu tun haben zu müssen. Es ist schon schlimm genug, daß man gezwungen ist, in ihrer Sprache schreiben zu müssen.*[159] Dabei war Andersch es gewesen, der auf Schmidts Vorschlag, in Kanada, fernab von Deutschland, eine «Dichterkolonie» zu gründen, geantwortet hatte: *Auf jeden Fall werde ich Deutschland nicht kampflos räumen.*[160]

Daß er nicht einfach vor den Verhältnissen kapitulieren wollte, sprach aus jeder seiner Aktivitäten. Seine eigensinnig oppositionelle Haltung hatte vor allem im Rundfunk oft zu scharfen Auseinandersetzungen geführt. Helmut Heißenbüttel, der als Nachfolger von Hans Magnus Enzensberger Anderschs Assistent beim Süddeutschen Rundfunk geworden war, erlebte des öfteren Kontroversen zwischen Andersch und dem Rundfunkrat. Andersch zeigte sich dabei, so Heißenbüttel, wenig konziliant. Er neigte dazu, «Wirbel zu machen» und in Diskussionsrunden die konträren Positionen zuzuspitzen.[161] Ein Gespräch zwischen Andersch, Joachim Kaiser und Emil Franzen über «Neue Tendenzen im Roman» konnte nicht gesendet werden, weil die Diskussion in offenen Streit ausartete. Eine weitere Gesprächsrunde über «Literatur und Konversion» trug Andersch eine Zurechtweisung durch den Rundfunkrat ein. Als 1958 der langjährige Intendant des Süddeutschen Rundfunks, Fritz Eberhard, durch Helmut Bausch abgelöst wurde, sah Andersch eine weitere Verschlechterung der Lage im Sender kommen. An Arno Schmidt schrieb er: *... was nun aus dem radio essay in the long run werden wird, weiß ich nicht. diesen schneidigen cdu-abgeordneten, der nun – angeblich im tapferen alleingang, in wirklichkeit todsicher durch eine fette intrige – intendant geworden ist, kenne ich nicht.*[162] Die Annahme, es sei *völlig unwahrscheinlich, daß der neue mann so dumm sein wird, irgendetwas zu verbieten*[163], erwies sich bald schon als falsch. Nur wenige Tage nach seinem Amtsantritt ließ Bausch eine Sendung von Heinrich Böll, «Brief an einen jungen Katholiken», die Andersch ins Programm genommen hatte, streichen. Der Grund war, daß Böll darin allzu deutlich auf die Zusammenhänge zwischen der katholischen Amtskirche und der Wiederaufrüstung hingewiesen hatte.

Alfred Andersch erlebte noch weitere Verbote. Sein Hörspiel *Die Nacht der Giraffe*, das ein politisch brisantes Thema, die Verwicklungen de Gaulles in den Algerien-Aufstand, aufgriff, wurde in den bundesdeutschen Sendern boykottiert. *Keine Rundfunkanstalt wagt es, sie zu bringen.*[164] Die erschwerten Arbeitsbedingungen nach dem *radikalen Regime-Wechsel im Süddeutschen Rundfunk*[165] waren der letzte Anstoß, aus der Bundesrepublik wegzugehen. Auf seinen zahlreichen Reisen kreuz und quer durch Europa hatte Andersch immer wieder nach einem geeigneten neuen Wohnsitz Ausschau gehalten. Pläne, nach Rom, London oder Paris umzusiedeln oder nach Skandinavien auszuwandern, scheiterten an der finanziellen Situation. Realisierbar wurde die Emigration erst, nachdem 1957 Anderschs Roman *Sansibar oder der letzte Grund* erschienen war und es sich herausgestellt hatte, daß er und seine Familie aus dem Erlös seines «freien» Schriftstellerdaseins leben konnten. Auf einer Ferienreise entdeckten die Anderschs in dem Achtzig-Seelen-Dorf Berzona im Tessin ein altes Steinhaus, das günstig zu erwerben war. Mit einem Vorschuß seines Schweizer Verlags konnte Andersch schließlich dorthin übersiedeln.

Es war aber nicht allein die Enttäuschung über die *Demokratie der schmutzigen Hände*[166] (Anderschs Synonym für den Adenauer-Staat), die ihn dazu führte, seine Position als Redakteur aufzugeben und das Land zu verlassen. Eine wichtige Rolle spielte dabei auch die aus seinen Erfahrungen mit dem Kulturbetrieb und der Publizistik gewonnene Überzeugung, daß sich die aufklärerische Wirkung, die von der Kritik des Tagesgeschehens ausgehen sollte, zu rasch verflüchtigte, um gesellschaftliche Veränderungen einleiten zu können. Andersch sah die Aufgabe der Literatur und Kunst ja darin, gesellschaftliche Verhältnisse transparent zu machen, um so die in ihnen verborgenen Möglichkeiten zu ihrer Weiterentwicklung aufscheinen zu lassen. Eine solch differenzierte und diffizile Wirkung traute er den an Presse und Rundfunk gebundenen literarischen Formen, der *Literatur als Presse*[167], nicht mehr zu. Sein politischer Anspruch an die literarische Arbeit ließ sich in der Tätigkeit als Rundfunkredakteur nicht einlösen.

Es ist kein Zufall, daß eines seiner wichtigsten Hörspiele, das in der Zeit seines Weggangs entstandene Stück *Die Nacht der Giraffe*, den grundlegenden Unterschied zwischen *Literatur als Presse* und Literatur als Kunst zum Thema hat. In einem zentralen Abschnitt des Hörspiels unterhalten sich der Journalist Pierre und der Philosoph Mondello über die Wirkungsmöglichkeiten literarischen Handelns und über die politische Haltung des Schriftstellers. Die optimistische Vorstellung von der Presse als «vierter Macht» im Staate stellt Mondello radikal in Zweifel: *Ich hätte Sie für klüger gehalten. Die Funktion der Öffentlichkeit, nicht wahr? Die reinigende Macht der Presse, eh? Man veröffentlicht einen Mißstand – schon ist er nur noch halb so mißlich. Zum mindesten hat derjenige, der ihn veröffentlicht, sein Gewissen gereinigt.*[168] – In diesen Worten liegt eine klare Absage an die Hoffnung, daß das publizistische Eingreifen ins tagesaktuelle Geschehen die politischen und gesellschaftlichen Zustände beeinflussen könnte. *Die Art Literatur – die Literatur als Presse – hat eine gewisse Berechtigung, solange sich die Mächte im Gleichgewicht befinden. Oder wenn die Demokratie sich entwickelt... Aber wenn die Politik in den Raum der reinen Macht tritt, ist es aus damit. Dann ist die Presse und ihre Literatur nur noch eine Fußnote zu den Prämissen der Macht... Es ist eine Illusion, mit der man Gutgläubige täuscht und sie veranlaßt, zu schreiben und zu lesen, anstatt zu handeln.*[169]

Pierre stellt daraufhin die entscheidende Frage: *Mondello, geben Sie der Literatur denn gar keine Chance mehr?* Mondello: *Nicht der Literatur, die Sie meinen, Pierre, jener Sekundär-Literatur, die sich für die Geschichte selbst hält, weil sie sich aufregt und diskutiert. Sie ist nur ein Symptom, nichts weiter. Große Literatur tut etwas anderes: sie bereitet lange und langsame Entwicklungen vor, sie streut ein paar Gedanken und ein paar Formen Samen aus, die die Welt erneuern und sie an etwas Altes erinnern: Augustinus hat das getan, Pascal, Spinoza, Marx, Kafka, ja, nehmen Sie den «Schlag ans Hoftor», diese wenigen Seiten Prosa nehmen keinen Einfluß auf die Zeit, aber sie verändern die Welt. Ein paar Dinge sind absurd geworden, seitdem diese Geschichte unter uns ist...*[170]

Pierre, der Journalist, sieht für seine Arbeit keine Möglichkeiten mehr in einer *Welt der falschen Alternativen*[171]. Wie Andersch geht er weg, doch er *flüchtet nicht*, sondern *steigt aus*, um ein Mann zu bleiben, *der denkt, und ausspricht was er denkt*[172]. Hatte Andersch sich hier selbst gemeint?

In der Entscheidung zwischen Journalismus bzw. *Literatur als Presse* auf der einen und Literatur als Kunst auf der anderen Seite setzte Andersch die Hoffnung nicht mehr auf die korrektive Wirkung der Tageskritik, sondern auf die langfristig sich entwickelnde Kraft des Kunstwerks, das vom tagesaktuellen Geschehen unabhängig ist. Damit folgte er seinem Anspruch an die gesellschaftliche Aufgabe von Kunst. Geradezu beispielgebend für eine in diesem Sinn verstandene politische Literatur erschien ihm Wolfgang Koeppens Buch «Der Tod in Rom», weil es sich nicht im plakativen Protest gegen die herrschenden Verhältnisse verfange, sondern *in tiefen Schichten des Bewußtseins Kettenreaktionen auslöst, wie sie von Oberflächen-Explosionen der best-seller niemals bewirkt werden*[173].

Dem politischen Moment eine epische Form[174] zu geben – so könnte das Motto lauten für Anderschs ersten Roman. *Sansibar oder der letzte Grund* war nicht als Fortsetzung der *Kirschen der Freiheit* konzipiert, doch der Roman knüpft direkt an das Thema des autobiograpischen Berichts an. Hier wie dort geht es um die Frage eigenverantwortlichen Handelns, in beiden Büchern steht das Problem des Widerstands gegen Terror und Selbstentfremdung im Mittelpunkt. Allerdings hat der Roman gegenüber dem autobiographischen Bericht an sozialer Perspektive gewonnen. Denn nicht die Suche nach der individuell zu verwirklichenden *Wildnis der Freiheit*, die erlangt werde, wenn man sich aus dem Schicksal der Massen *herausfallen* lasse[175], bestimmt das Geschehen. Zentrum des Romans ist vielmehr das Problem solidarischen, für den Mitmenschen verantwortlichen Handelns.

Die Modellsituation, in der dies stattfindet, wird geographisch und zeitlich exakt fixiert – die Handlung spielt im Oktober 1937 in einer deutschen Kleinstadt an der Ostseeküste –, doch diese Szenerie ist beispielhaft und überzeitlich gemeint, denn nicht das historisch Bestimmte des deutschen Faschismus gibt den Hintergrund, sondern das existentiell Allgemeine: Die fünf Personen, die Andersch zusammentreffen läßt werden mit einer, wie Sartre es bezeichnet, «äußersten Situation» konfrontiert, in der ihr Verhalten sowohl über die physische Existenz als auch über ihr moralisches Weiterleben entscheidet. Sie stehen vor einer Grenze in mehrfachem Sinn: der Grenze zwischen Freiheit und Unfreiheit, zwischen Solidarität und Selbstschutz, zwischen Determination und Eigenverantwortung, zwischen ästhetischer und politischer Existenz.

Die Handlung ist klar konturiert: An einem Tag im Spätherbst 1937 kommt Gregor, Kurier und Instrukteur des Zentralkomitees der verbotenen Kommunistischen Partei, nach Rerik, einem mecklenburgischen Hafenstädtchen zwischen Wismar und Rostock. Sein Auftrag lautet, dem Küstenfischer Knudsen, der als einziger im Ort noch der Partei angehört, neue Richtlinien des Zentralkomitees zu überbringen. Ihre geheime Zusammenkunft findet in einer Kirche statt. Deren Pfarrer, Helander, versucht den Fischer Knudsen zu überreden, eine Holzplastik, die die Nazis beschlagnahmen wollen, weil sie «entartete Kunst» sei, mit dem Schiff nach Schweden zu bringen. Gleichzeitig versucht Judith, ein jüdisches Mädchen, von Rerik aus ins Ausland zu fliehen. Als fünfte Person kommt der vaterlose Schiffsjunge Knudsens hinzu, der, von Fernweh und Abenteuerlust getrieben, nach einer Möglichkeit sucht, aus der bedrückenden Öde, die in Rerik herrscht, zu entkommen. Die Handlungsfäden kreuzen und verschlingen sich, bis sie schließlich in eine einzige gemeinsame Aktion münden: Gregor bringt Knudsen dazu, das Mädchen und die Holzplastik mit dem Schiff nach Schweden zu fahren. Er selbst bleibt allein zurück. Der Pfarrer opfert sich und wird von den «Anderen», den gesichtslosen und schemenhaften Handlangern des Terrorregimes, erschossen.

Die drei Initiatoren der Rettungsaktion besitzen, über alles Trennende hinweg, ein gemeinsames Merkmal: sie haben sich von ihrer früheren Bindung an eine Idee, an eine Ideologie bzw. an ihren Glauben, losgelöst. Seit dem Sieg der «Anderen» lebt Helander in Zweifel an seinem Gott und hat sich von seiner Kirche innerlich abgewandt. Gregor und Knudsen haben sich aus unterschiedlichen Gründen von der Partei entfernt. Knudsen ist enttäuscht darüber, daß sich die Partei widerstandslos hat aufreiben lassen, er haßt sie deswegen. Gregor wendet sich von der Partei ab, weil er angesichts der Aufträge, die die Partei ihm überträgt, ein Gefühl der Sinnlosigkeit verspürt: *Ich habe mir noch diese letzte Reise als Prüfung auferlegt. Die Reise ist beendet. Ich kann gehen. Ich gehe natürlich, weil ich Angst habe, dachte er unerbittlich. Aber ich gehe auch, weil ich anders leben will.* [176] Seine Loslösung war ihm bewußt geworden, als er während eines Aufenthalts in der Sowjet-Union an einem Manöver der Roten Armee teilgenommen hatte: *...und der Genosse Leutnant Choltschoff... hatte ihm zugerufen: Das ist Tarasovka, Grigorij! Wir haben Tarasovka genommen! Gregor lachte zurück, aber es war ihm gleichgültig, daß die Tankbrigade, der er als Manövergast zugeteilt war, Tarasovka genommen hatte, er war plötzlich fasziniert von dem goldenen Schmelzfluß des*

Schwarzen Meeres und dem grauen Gestrichel der Hütten am Ufer, ein
schmutzig-silbernes Gefieder, das sich zuzsammenzuziehen schien unter
der Drohung eines dumpf dröhnenden Fächers aus fünfzig Tanks, aus
fünfzig dröhnenden Wolken Steppenstaubs, aus fünfzig Pfeilen eisernen
Staubs, gegen die Tarasovka den goldenen Schild seines Meeres erhob...
Der Verrat hatte darin bestanden, daß ihm, als einzigem, der goldene
Schild wichtiger gewesen war als die Einnahme der Stadt.[177]

Gregors «Verrat» entsteht aus dem Zwiespalt zwischen dem politisch-ideologisch richtigen Verhalten und seinem ästhetischen Empfinden, das ihn irritiert und gefangennimmt. Die Wirklichkeit nach politischen Kategorien einzuschätzen, ist ihm fremd geworden. Er ist zu der Überzeugung gekommen, daß in Zeiten der Bedrohung die Rettung nicht von der Richtigkeit eines politischen Programms, sondern mehr denn je vom Bekenntnis zur Menschlichkeit abhängt.

Als er in Helanders Kirche die Holzplastik sieht, die der Pfarrer in Sicherheit bringen will, erkennt er, worin dieses Menschliche besteht. Die Plastik, bezeichnet als «Lesender Klosterschüler», hat Ernst Barlachs gleichnamige Figur zum Vorbild.[178] Sie ist die «sechste Person», die letztlich den Anstoß zur Rettungsaktion gibt. Denn sie erfüllt genau das, was Andersch der gesellschaftlichen Funktion des Kunstwerks abverlangt: Bewußtseinsprozesse zu bewirken und zum Handeln aufzufordern. Für Helander ist diese Figur das Sinnbild nicht unterdrückbarer Gläubigkeit, Gregor erkennt aber in ihr noch wesentlich mehr: *Das sind wir ja, dachte Gregor... Genauso sind wir in der Lenin-Akademie gesessen und genauso haben wir gelesen, gelesen, gelesen... Er trägt unser Gesicht, dachte er, das Gesicht unserer Jugend, das Gesicht der Jugend, die ausgewählt ist, die Texte zu lesen, auf die es ankommt. Aber dann bemerkte er auf einmal, daß der junge Mann ganz anders war. Er war gar nicht versunken. Er war nicht einmal an die Lektüre hingegeben. Was tat er eigentlich? Er las ganz einfach. Er las aufmerksam. Er las genau. Er las sogar in höchster Konzentration. Aber er las kritisch. Er sah aus, als wisse er in jedem Moment, was er da lese... Er ist anders, dachte Gregor, er ist ganz anders. Er ist leichter, als wir waren, vogelgleicher. Er sieht aus wie einer, der jederzeit das Buch zuklappen kann und aufstehen, um etwas ganz anderes zu tun.*[179]

Gregor wird durch das Kunstwerk mit der Entscheidung konfrontiert, vor der er steht: *Es war aber etwas geschehen, dachte Gregor. Ich habe einen gesehen, der ohne Auftrag lebt. Einen, der lesen kann und dennoch aufstehen und fortgehen. Er blickte mit einer Art von Neid auf die Figur.*[180] Der «Lesende Klosterschüler», den Gregor bald nur noch als *Genossen Klosterschüler* bezeichnet, verkörpert die Möglichkeit, nach der Gregor sucht: ein Leben *ohne Auftrag*[181], nicht gebunden an einen Glauben, eine Ideologie oder einen fremden Willen, also frei, sich zu entscheiden und zu handeln. In der Holzplastik ist der Widerspruch zwischen politischer und ästhetischer Existenz aufgehoben. Sie versinnbildlicht die Dialektik von

Szenenfoto aus der Neuverfilmung von «Sansibar oder der letzte Grund»
unter der Regie von Bernhard Wicki. Frank Hessenland in der Rolle des
«Jungen». Neben ihm die Barlach-Skulptur «Lesender Klosterschüler»

ästhetischem Empfinden und politischem Handeln, die Gregor plötzlich
zu Bewußtsein kommt. *Gregor konnte sehr gut verstehen, warum die An-*
deren den jungen Mann nicht mehr sitzen und lesen lassen wollten. Einer,
der so las wie der da, war eine Gefahr.[182]

Als Inbegriff freier Kunst, die die «Anderen» zerstören wollen, repräsentiert die Plastik die Widerstandskraft des Ästhetischen. Sie erhebt den
Anspruch des Individuums auf Unverfügbarkeit, auf unbezweckte, jederzeit widerrufbare Hinwendung an etwas anderes. Scheinbar paradox verkörpert der lesende Mönch, der ja Vertreter eines Kollektivs ist, die indi-

viduellste Freiheit, die sich denken läßt. Auch hierin ist er richtungweisend. Denn Gregor und Knudsen, Helander und der Junge bilden trotz allem, was sie voneinander trennt, ein Kollektiv zur Rettung des jüdischen Mädchens und der Holzplastik.

Daß Andersch Gregors Aktion, die persönlichen und privaten Motiven entspringt, als politische verstanden wissen will, ist nicht zu übersehen. Die Tat, die die fünf Personen zusammen ausführen, entspricht, wenn auch unbeabsichtigt, den Richtlinien der Partei, die Gregor eigens nach Rerik geschickt hatte, um dort das *neue Fünfergruppensystem*[183] einzuführen, Widerstandszellen von jeweils fünf Mitgliedern. Die Aktion ist nicht nur deshalb gelungen, weil Judith und der «Lesende Klosterschüler» sicher nach Schweden gelangen, sondern auch, weil sich die Wahrheit dessen beweist, was die Figur zum Ausdruck bringt: Der Schiffsjunge, der wie der Klosterschüler zu lesen versteht, hätte die Möglichkeit, in Schweden zu bleiben. Er kommt aber freiwillig zum Schiff zurück, um Knudsen nicht in Schwierigkeiten zu bringen, wenn dieser ohne ihn nach Rerik zurückkehren müßte.

In Anderschs erstem Roman werden politische Konflikte als individuell erlebte ausgetragen. Deshalb hat die Gruppe der Fünf über die unmittelbare Aktion hinaus keinen Bestand. Die Besinnung des Individuums auf seine Entscheidungsfreiheit, in der es seine moralische Integrität bewahrt, verlangt ihren Preis: sie führt in die Isolation. Gregor wählt den Weg des Einzelgängers, Helander wird von den «Anderen» getötet, Knudsen kehrt, einsam wie zuvor, nach Rerik zurück, und der Junge wird weiterhin versuchen auszubrechen. Insofern scheint das Buch ohne Hoffnung zu enden.

Gegenüber der Ausgangssituation hat sich jedoch Wesentliches verändert. Die vier an der Rettung Beteiligten haben bewiesen, daß es möglich ist, sich durch eine gemeinsame altruistische Tat, die keinem Befehl und keiner Ideologie entspringt, sondern allein humanem Denken folgt, zu befreien und *die Tatsache des Nichts, dessen Bestätigung die Anderen sind, wenigstens für Augenblicke aufzuheben*[184]. Aus der erreichten Bindungslosigkeit ist neues Handeln möglich geworden.

Alfred Andersch folgt hierin einem Gedanken der existentialistischen Philosophie Sartres. In Sartres Aufsatz «Was ist Literatur?», mit dem Andersch sich intensiv auseinandergesetzt hatte, heißt es: «Wenn aber selbst die Wahrnehmung Handlung ist, wenn die Welt zeigen für uns immer eine Enthüllung der Welt im Hinblick auf eine mögliche Veränderung ist, dann haben wir ... dem Leser an jedem konkreten Fall klarzumachen, daß er die Macht hat, etwas zu tun und zu lassen, kurzum zu handeln.»[185] Es ist daher kein Zufall, daß Andersch die Geschichte seines Helden Gregor enden läßt mit einer Wahrnehmung, die genau dem entspricht, was Sartre als «Enthüllung der Welt im Hinblick auf eine mögliche Veränderung» bezeichnet: *Das graue Morgenlicht erfüllte die Welt, das nüchterne, farb-*

*lose Morgenlicht zeigte die Gegenstände ohne Schatten und Farben, es
zeigt sie beinahe so, wie sie wirklich waren, rein und zur Prüfung bereit.
Alles muß neu geprüft werden, überlegte Gregor. Als er mit den Füßen ins
Wasser tastete, fand er es eisig.*[186]

Sansibar ist eine Parabel auf die Verhältnisse im Adenauer-Staat. Diese
hochpolitische Bedeutung hat wie kein anderer Arno Schmidt in seiner
Rezension herausgestellt: «Und gleich der Schock vorweg: er meint
Deutschland!... auch bei uns ist wieder die KPD verboten. Auch bei uns
werden schon wieder jüdische Friedhöfe geschändet. Auch bei uns geht
allenthalben wieder ‹uniformiertes Fleisch› um. Auch ‹uns› gilt – man sei
doch ehrlich – Barlach oder der Expressionismus längst wieder als ‹entartete Kunst›!... Eine sachlich unwiderlegbare Anklage gegen Deutschland... Unterricht in (ja, fast Anleitung zur) Flucht als Protest... Ein
Mißtrauensvotum ersten Ranges gegen unser behäbig-aufgeblasenes
‹Volk der Mitte›.»[187]

Sansibar wurde ein großer Publikumserfolg und gehörte nach wenigen
Jahren bereits zur Schullektüre, nicht nur in der Bundesrepublik, sondern
auch im Ausland, zum Beispiel in Großbritannien. Eine Verfilmung für
das Fernsehen, gesendet im Dezember 1961, wurde von der Kritik gespal-
ten aufgenommen.

Mit *Sansibar* war Andersch zu einem Erfolgsautor geworden. Er hatte
allen, die ihn noch wegen der elitären Ausrichtung von *Texte und Zeichen*
kritisiert hatten, gezeigt, daß sich emanzipatorische Absicht und hoher
ästhetischer Anspruch durchaus vereinbaren ließen, oder – wie er über
den italienischen Neoveristen Elio Vittorini schrieb: *... daß man zugleich
ein ausgekochter Ästhet und ein Schriftsteller des Engagements sein
kann.*[188]

Noch bevor er in die Schweiz übersiedelte, begann er mit der Arbeit an
seinem zweiten Roman, der im Herbst 1960 herauskommen sollte. Das
Buch mit dem Titel *Die Rote* setzt dort ein, wo *Sansibar* geendet hatte:
eine junge Frau flüchtet aus Deutschland. Doch diesmal ist die Gegenwart, die Bundesrepublik am Ende der fünfziger Jahre, direkt beschrieben. Erstaunlich genau sah Andersch voraus, wie sein neues Buch beurteilt werden würde. *Es wird bei der Kritik keine so günstige Aufnahme
finden wie «Sansibar», weil es für die heutige politische Lage geschrieben
ist. Über «Sansibar» konnten sich von links bis rechts alle einigen, aber
«Die Rote» tritt der Rechten schwer auf die Zehen, und da die Rechte heute
schon wieder in Deutschland herrscht und den größten Teil der Presse be-
herrscht, wird es viel Geschrei geben.*[189] Was Andersch vorhergesagt hatte,
traf ein. Von der konservativen Literaturkritik wurde den Lesern emp-
fohlen, das Buch «auf seinen Platz im Regal des gehobenen Zeitvertreibs
zu verweisen»[190]; der Rezensent des «Rheinischen Merkur» verstieg sich
sogar zu der Behauptung, Anderschs Roman sei, «wenn nicht schon ver-
wandt, so doch verschwägert mit dem agitatorischen Schema der Klassen-

Andersch und Elio Vittorini in Mailand, 1958

kampf-Literatur des Ostens»[191]. In keiner anderen Rezension wurde so
deutlich wie hier ausgesprochen, daß man die politische Tendenz des Romans mißbilligte; meist mußten ästhetische Gründe herhalten, um von
den politischen Motiven der Ablehnung abzulenken. Andersch hatte mit
Die Rote einen empfindlichen Nerv getroffen.

Das Buch hebt an mit einem direkten Angriff gegen die glattpolierte
und satte Nachkriegsgesellschaft, die es sich in den kapitalistisch reorga-
nisierten Verhältnissen wieder behaglich eingerichtet hatte. Die Hauptfi-
gur des Romans, die einunddreißigjährige Sekretärin Franziska Lukas,
flieht vor dem *schicken Leben*[192] der Wirtschaftswunder-Welt, die durch
die beiden Männer repräsentiert wird, von denen sie abhängig ist. Auf der
einen Seite steht Joachim, der Chef eines Unternehmens, für den Franziska arbeitet und dessen Geliebte sie ist. Den anderen, Herbert, der als
Vertreter bei Joachim angestellt ist, hat sie aus Trotz geheiratet, nachdem
sie jahrelang vergeblich auf einen Heiratsantrag von Joachim gehofft
hatte. Herbert weiß sehr wohl von den sexuellen Beziehungen zwischen
seiner Frau und seinem Chef. Es herrscht ein gentlemen's agreement, die
stillschweigende Übereinkunft, sich die Frau zu gegenseitigem Nutzen zu
teilen. Joachim, der sich immer nur mit der Macht abgegeben hat,
braucht Franziska zur Vervollständigung seines Erfolgsanspruchs. Für

Herbert besitzt die Frau den Wert eines Schmuckstücks, er, der Ästhet, reiht sie ein in seine Sammlung preziöser Gegenstände. Eine Dreiecksbeziehung also, in der sich die Frau prostituiert und als Preis dafür eine «gesicherte Existenz» in luxuriösem, aber seelenlosem Ambiente erhält. Andersch läßt keinen Zweifel daran, daß die beiden Männer, die für ihn die Unmoral und Menschenverachtung des bundesrepublikanischen Systems repräsentieren, keine wählbare Alternative abgeben. Herbert, der Vertreter, versucht sein inhaltsleeres Dasein durch Kunstkonsum aufzuwerten. In ihm hat Andersch den bildungsbürgerlichen Ästheten karikiert, für den Kunst nichts anderes ist als dekoratives Element, soziales Prestigeobjekt oder musealer Gegenstand. Joachim hingegen, er erfolgverwöhnte businessman, ist nur an der Macht interessiert.

Obwohl sie diese Verhältnisse noch längst nicht durchschaut, weiß Franziska, daß sie ihr unerträglich sind. Ihre Flucht ist dann auch kein geplantes und durchdachtes Unternehmen, sondern ein spontanes und unüberlegtes Davonlaufen. Im winterlichen Venedig, ihrem Fluchtpunkt, gerät sie unversehens in ein neues Dreiecksverhältnis. Sie begegnet dem Briten Patrick, der sich in Venedig aufhält, um sich an Kramer, einem ehemaligen Gestapo-Mann, zu rächen. Im Verhältnis zwischen Patrick und Kramer wiederholt sich vor historischem Hintergrund das Herr-Knecht-Verhältnis von Joachim und Herbert, und es wiederholt sich der Zyklus von Macht und Ästhetik. Wie zuvor von Joachim und Herbert wird Franziska nun von Patrick und Kramer für deren Zwecke ausgenutzt. Erst als sie ihre Rolle in diesem Spiel erkennt, ist sie in der Lage, ihr Leben zu ändern. Andersch läßt den Roman in der ersten Fassung (1972 erschien eine revidierte Fassung mit verändertem Schluß) damit enden, daß Franziska ein neues Leben als Arbeiterin in einer italienischen Seifenfabrik beginnt.

Dieser Ausgang erschien der Kritik als besonders unglaubwürdig. Man warf Andersch vor, einer kitschig-sentimentalen Neigung für das «einfache Leben» nachgegeben zu haben und ins Klischee des armen, aber moralisch anständigen Daseins verfallen zu sein. Dazu sagte er in einem Interview: *Nehmen wir aber einmal an, der Entschluß Franziskas zur Fabrikarbeit sei in der Tat ein existentieller und grundlegender, so enthüllt das Hohngelächter über einen solchen Vorgang nicht die Wertlosigkeit eines erzählerischen Einfalls, sondern ein gesellschaftliches Symptom: die Unfähigkeit nämlich, sich vorzustellen, es könne ein Mensch einen solchen Entschluß fassen. Einigen Kritikern und Lesern scheint es im Jahre 1961 unvorstellbar zu sein, ein Mensch könne Wandlungen durchmachen, die zu irgendwelchen praktischen Konsequenzen in seinem Leben führen. Ich mache diesen Leuten keinen Vorwurf – eine bestimmte historische Entwicklung hat dazu geführt, daß wir in einem zynischen und desillusionierten geistigen Klima leben. Allerdings mache ich den Versuch, mit meinem Werk dieses Klima zu durchstoßen.*[193]

Szenenfoto aus der Verfilmung von «Die Rote», 1962. Ruth Leuwerik in der Titelrolle, Harry Meyen als Herbert Lukas

Der Kritik, die sich an den trivialen Elementen von Franziskas Ge-schichte stieß, war auch entgangen, daß diese ein von Andersch bewußt verwendetes Kunstmittel waren: das Triviale an Franziskas Geschichte gibt adäquat die Trivialität der Verhältnisse wieder, unter denen sie lebt. Auch fiel keinem der Rezensenten auf, daß *Die Rote* ein Doppelroman ist mit zwei sich voneinander unabhängig entwickelnden Geschichten, die sich gegenseitig indirekt kommentieren. Andersch hatte im Roman selbst einen deutlichen Hinweis auf diese Struktur gegeben: Franziska liest im Zug Faulkners Roman «Wilde Palmen/Der Strom», den Prototypus des Doppelromans.

Das Widerspiel zu Franziskas Geschichte – sozusagen der Roman im Roman – findet in der Geschichte des Musikers Fabio Crepaz statt. An-dersch hat diesen zweiten Erzählstrang, angeregt wohl durch Elio Vitto-rini, mit Elementen des italienischen Neoverismus ausgestaltet: die Schil-derung der Lebensumstände armer, proletarisierter Menschen, die politi-sche und soziale Situation Italiens nach Faschismus, resistenza und Welt-krieg steht thematisch deutlich im Vordergrund. Crepaz, ehemaliger kommunistischer Partisan und Spanien-Kämpfer, durchschaut im Gegen-satz zu Franziska die Verhältnisse, ist desillusioniert und sucht angesichts der versteinerten Machtblöcke in Ost und West nach dem *Konzept einer dritten Kraft*[194]. Fabios Selbstentfremdung hat noch andere Ursachen als allein politische und ökonomische, ebenso wie Franziskas Selbstentfremdung nicht nur aus privaten Ursachen, aus ihren verworrenen Beziehungen resultiert. Andersch läßt die beiden am Ende des Buchs zusammentreffen und einander «erkennen», das heißt wahrnehmen, wie der andere in Wirklichkeit ist.

Im nachhinein verwundert es nicht, daß die Verfilmung des in seinen Strukturen hochkomplexen Romans ein eklatanter Mißerfolg wurde. Das traditionelle Erzählkino der fünfziger Jahre hatte zwar mit dem Regisseur Helmut Käutner, mit dem Kameramann Otello Martelli (der sonst für Fellini arbeitete) und einem Stab renommierter Schauspieler das Beste aufgeboten, was möglich schien, war aber der sensiblen Doppelgeschichte mit ihren Anspielungen auf den Unterhaltungs- und Kriminalroman nicht gewachsen. Mit dem Publikumsliebling Ruth Leuwerik in der Titelrolle hatte man einen für Franziskas Part völlig ungeeigneten Typus ausgewählt. Das Jahr 1961 opferte Andersch für die Arbeit am Drehbuch – das schließlich von Käutner grundlegend verändert wurde – und für die Dreharbeiten in Venedig.

Auf der 12. Berlinale in West-Berlin wurde der Film als bundesdeutscher Beitrag vorgestellt. Er fiel vollkommen durch. Bei der Pressekonferenz nach der Uraufführung kam es zum Eklat, als Andersch sich vehement von Regisseur Käutner und Produzent Walter Koppel distanzierte, weil sie sein Drehbuch bis zur Unkenntlichkeit umgeschrieben hatten. Das Experiment Literaturverfilmung war für Andersch gescheitert.

Positionen eines Außenseiters

Als Andersch 1962 das sehr privat anmutende Reisebuch *Wanderungen im Norden* herausgab und ein Jahr darauf den Erzählband *Ein Liebhaber des Halbschattens*, schien es, als habe er sich in den Elfenbeinturm eines privaten Schriftstellerdaseins zurückgezogen. Statt zeitkritisches Engagement zu üben, wie man es von ihm gewohnt war, beschrieb er persönliche Erlebnisse und konzentrierte sich in den drei Novellen des Erzählbandes auf das Innenleben und die psychischen Befindlichkeiten seiner Protagonisten, scheinbar fernab der gesellschaftlichen Konflikte seiner Zeit. Und schließlich der vielzitierte Satz: *Ich mag das Wort Engagement nicht mehr, während das Wort Humanität für mich nichts von seinem Wert verloren hat.*[195] Grund genug für die Kritiker, ihn als «geschlagenen Revolutionär»[196] zu titulieren.

Der Eindruck, der frühere Wortführer einer oppositionellen Literatur habe sich resigniert in das Privatissimum seines Tessiner Domizils zurückgezogen, kam nicht ganz von ungefähr. Andersch hielt sich, was öffentliche Stellungnahmen betraf, im allgemeinen betont fern von den gesellschaftlichen und literarischen Auseinandersetzungen dieser Zeit. Während sich zu Beginn der sechziger Jahre eine Generation von jungen bundesdeutschen Schriftstellern immer stärker politisierte (darunter Autoren, die Andersch mit den Grundlagen des Marxismus vertraut gemacht hatte[197]) und zu den Zeitfragen Position bezog, war Andersch nur selten in der Reihen der Protestierenden zu finden. Finanziert mit Staatsgeldern wurde im Frühjahr 1960 ein «Rotbuch» veröffentlicht unter dem Titel «Verschwörung gegen die Freiheit. Die kommunistische Untergrundarbeit in der Bundesrepublik», das die Namen von 452 Hochschullehrern, Schriftstellern und Künstlern enthielt, die der «kommunistischen Kulturarbeit» verdächtigt wurden. Zu denen, die auf diese Weise diffamiert werden sollten, gehörten zum Beispiel die Komponisten Werner Egk und Carl Orff, die Schriftsteller Kästner und Koeppen, der Physiker Max Born, der Maler Otto Dix und Pastor Martin Niemöller. Andersch stand nicht auf der Liste, wohl deshalb nicht, weil er damals schon seit zwei Jahren in der Schweiz lebte.

Solche und ähnliche, mit öffentlichen Geldern unterstützte Versuche der Intellektuellenhetze wurden von «staatstragenden Kreisen» organi-

«Wanderungen im Norden»: Rövos in Ost-Norwegen.
Aufnahme von Gisela Andersch, um 1960

siert als Antwort auf das breite Protestpotential gegen die Rechtsregie-
rung, das sich in Künstler- und Intellektuellenkreisen versammelt hatte.
In dem von Martin Walser im August 1961 herausgegebenen Band «Die
Alternative oder Brauchen wir eine neue Regierung?» empfahlen Schriftsteller wie Grass, Kuby, Hans Werner Richter und Peter Rühmkorf für
die Bundestagswahl 1961, die Stimme der SPD zu geben. Vier Jahre später initiierte Grass in West-Berlin das «Wahlkontor deutscher Schriftsteller», das die SPD durch Entwicklung von Slogans, Umschreiben von Vor-
lagen und Entwerfen von «Standardreden» unterstützte. Grass selbst zog

Andersch in Norwegen, um 1960

im Sommer 1965 sogar in den Wahlkampf und hielt zahlreiche Reden für die SPD.

Ob es um die Frage der Notstandsgesetze, um die Ablösung der Bundesregierung oder um den Krieg in Vietnam ging – Andersch zeigte wenig Bereitschaft, sich dem öffentlichen Protest anzuschließen. Die Studentenrevolte der späten sechziger Jahre war für ihn kein Thema. Seine einzige öffentliche Äußerung hierzu: *Ich erkläre also, daß ich weder dem Establishment angehöre noch engagiert bin. Ich passe.*[198] Was er von öffentlichen politischen Stellungnahmen der Schriftsteller hielt, dieser in seinen Augen zur Mode verkommenen Form des Engagements, hatte er schon zehn Jahre zuvor klar ausgesprochen: *Was ist, im allgemeinen, ein deutscher Schriftsteller, der da glaubt, politisch votieren zu müssen? Ein aufgestörtes und ratloses Geschöpf, das man dazu mißbraucht, den oder jenen... Aufruf zu unterzeichnen, worauf es erschöpft, zugleich eitel und leicht angewidert, und außerdem ein wenig um die Folgen bangend, wieder in die Viskosität seiner dichterischen Existenz zurücksinkt. Im besten Falle werden «Bekenntnisse» abgegeben, in gehobener Sprache natürlich und mit leicht pathetischem Anflug, man hört Glocken läuten in ihnen, und wenn sie gut sind, dann sind sie rührend. Ungerührt bleiben nur die Politiker.*[199]

Wie recht er haben sollte, zeigte sich 1966, als die von zahlreichen Intellektuellen und Schriftstellern unterstützte SPD – für Andersch eine *besonders harmlose, total domestizierte Partei*[200] – zusammen mit der CDU/CSU die Große Koalition bildete, in dieser Koalition die Notstandsgesetze verabschiedete und somit genau das eintrat, was die Unterstützer hatten verhindern wollen.

Für Andersch stellte die SPD, die sich mit der Verabschiedung des Godesberger Programms zugleich vom Sozialismus verabschiedet hatte, keine Alternative dar zur Adenauer-Regierung. Als er von Grass öffentlich dafür gerügt wurde, nicht für die SPD eingetreten zu sein, placierte er in der «Frankfurter Allgemeinen Zeitung» folgende ironische Antwort: *Ich entnehme Ihrem Bericht über die Verleihung des Büchner-Preises der Deutschen Akademie für Sprache und Dichtung an Günter Grass (F.A.Z. vom 11. Oktober 1965), der Preisträger habe sich öffentlich darüber entrüstet, daß ich mich nicht an seiner Wahltournee für die SPD beteiligt habe. Ich wäre jedoch, selbst wenn ich dies gewollt hätte, dazu nicht in der Lage gewesen, weil ich mich zur Zeit des Wahlkampfes auf 80 Grad 45 Strich nördlicher Breite aufhielt. Ich gebe zu, damit völlig verantwortungslos gehandelt zu haben, doch hat mir die Beobachtung von Eisbären sicherlich mehr Vergnügen bereitet als der Anblick erstklassiger Schriftsteller, wie sie, verführt von Günter Grass, für sechstklassige Politiker Wahlreden umschreiben und diese Art von Beschäftigung für schriftstellerisches Engagement halten. Um das Maß meiner Nichtswürdigkeit voll zu machen, erkläre ich jedoch, daß ich mich an Günter Grass' Wahlkampf in keinem Fall hätte*

Andersch in seiner Bibliothek in Berzona, 1960

beteiligen können, weil es mir unmöglich gewesen wäre, die SPD zu wäh-
len. Ich habe andere politische Ansichten. Für dieses Verbrechen habe ich
die Diffamierung meines persönlichen literarischen Wegs vom Konzentrationslager Dachau bis zu den «Kirschen der Freiheit» durch den Kollegen
Grass in öffentlicher Sitzung der Deutschen Akademie für Sprache und
Dichtung zu Darmstadt völlig verdient. Alfred Andersch.[201]

Seine Weigerung, sich als Ersatz-Politiker zu profilieren, war keine selbstgefällige Attitüde, sondern Ausdruck seiner Auffassung von Kunst, wonach das literarische Werk an sich, sofern es nur künstlerisch gelungen ist, in Opposition zu den herrschenden Mächten steht. *Nicht dadurch also, daß die Literatur sich kritisch verhält, sondern durch ihre Existenz allein verursacht sie den Ärger, der sich um sie bildet. Es gibt ja nur ganz wenige Schriftsteller, die in einem spezifischen Sinne gesellschaftskritische Texte verfassen. Jedoch ist Literatur selbst, und möge sie die konservativste sein, wenn sie nur Literatur ist, ein metaphysisches, die Gesellschaft und ihre Zusammenhänge transzendierendes und damit kritisierendes Ereignis.*[202]

Dieser eigenwillige, fast idealistisch anmutende Standpunkt läßt verstehen, daß es Andersch unmöglich war, der *allgemeinen Aufforderung zum Engagement*[203] nachzukommen und sich von den Politikern zumuten zu lassen, *er möge sich gefälligst vor ihren Karren spannen, in einem Ton, den die Advokaten natürlich glänzend hervorbringen*[204].

Dies war gleichzeitig auch die Antwort an all jene intellektuellen Wortführer, die in kulturrevolutionärem Überschwang die Parole vom «Tod der Literatur» verkündeten und die Schriftsteller aufforderten, die gesellschaftliche Folgenlosigkeit ihres Tuns einzusehen und sich sozial nützlicheren Tätigkeiten zuzuwenden. Im «Kursbuch», dem Sprachrohr der linken Intelligenz, äußerte Enzensberger 1968 den Verdacht, daß in den gegenwärtigen gesellschaftlichen Auseinandersetzungen Gedichte, Erzählungen und Dramen «von vornherein, unabhängig von ihrem Scheitern oder Gelingen, nutz- und aussichtslos sind. Wer Literatur als Kunst macht, ist damit noch nicht widerlegt, er kann aber auch nicht mehr gerechtfertigt werden.»[205]

Für solche Zweifel am Sinn der Literatur hatte Andersch kein Verständnis. Die scheinradikale Losung «Wer erzählt, zählt nicht», war für ihn nichts anderes als eine *Ideologie literarischer Kleinbürger*[206]. Wer Anderschs Essays, Kritiken und Rezensionen aus diesen Jahren aufmerksam las, konnte feststellen, daß er dem Streit um das Für und Wider von Literatur keineswegs auswich. Am Beispiel des zeitgenössischen englischen Romans etwa versuchte er, zur *pseudorevolutionären Theorie vom «Ende des Erzählens»*[207] den Gegenbeweis zu erbringen, selbst auf die Gefahr hin, als starrköpfiger Apologet von überholten Formen belächelt zu werden. *Da der englische Roman eigensinnig darauf besteht, Beziehungen und Konflikte zwischen Menschen darzustellen, Charaktere und ihre seelischen Regungen zu schildern, eine spannende Handlung zu entwickeln, historische und soziale Zusammenhänge scharf zu zeichnen und darüber hinaus die Individualität seines Verfassers zu spiegeln, eignet er sich nicht recht als Modell für pseudo-metaphysische Programme. Er ist überhaupt nicht programmatisch, sondern human, eine Eigenschaft, die allein schon genügt, ihn als veraltet denunzieren zu dürfen; daß er außerdem noch du métier ist, wie die Franzosen sagen, die das ihre verlernt haben, macht ihn höchst unbequem. Gewisse Kreise möchten ihn deshalb am liebsten ins Gebiet des gehobenen Unterhaltungsromans abschieben, und diese Richtung des Literatur-Terrors hat es schon sehr weit gebracht... Natürlich würde das Auftauchen all dieser Bücher bei uns eine Katastrophe herbeiführen: das Ende des allgemeinen Geschwätzes vom Ende des Romans.*[208]

Sein Eintreten für eine *humane Literatur* bedeutete nicht nur eine Absage an die, wie Andersch meinte, scheinradikale Politisierung der Literatur; er bezog damit zugleich Gegenposition zu einer allgemeinen gesellschaftlichen Tendenz der Enthumanisierung. Auf dem literarischen Sektor sah er diese Tendenz vor allem von der Schule des nouveau roman ausgehen. Die Gruppe um Alain Robbe-Grillet, Nathalie Sarraute und Michel Butor propagierte eine grundlegende Erneuerung des Erzählens aus dem Verzicht auf die Idee vom Menschen; nicht der «Mensch», sondern die autonomen «Objekte», die Dingwelt, sollten zukünftig im Mittelpunkt des erzählerischen Interesses stehen. Dieser Preisgabe der menschlichen Kategorie setzte Andersch ein Plädoyer für die *radikale Subjektivität*[209] entgegen: Er ließ keinen Zweifel daran, daß für ihn die *letzte und uneinnehmbare Rückzugsbasis im Kampf gegen den antimenschlichen Zustand unserer Welt im scheinbar Privaten, im rücksichtslos Subjektiven, im eigensinnig Sensiblen besteht*[210].

Zeichen der Enthumanisierung fand er auch in betimmten Bereichen des politischen Diskurses, vor allem in den Anstrengungen, die Vergangenheit begrifflich «bewältigen» und das Ungeheuerliche des deutschen Faschismus in theoretischen Abstraktionen «erklären» zu wollen. Eine solche *Verwandlung des Denkens in leere Begrifflichkeit*[211], ein vom Menschen abstrahierendes Denken, welches *das Leben auf immer neue Flaschen der Begriffe zieht*, das der *Bindung der Linken an Hegel, neu vollzogen über die Kritische Theorie*[212] zu verdanken sei, war in seinen Augen die *deutsche Form eines allgemeineren Syndroms: der europäischen Linken Krankheit zum Tode. Ein Begriffsdenken, welches es erlaubt, Auschwitz «einzuordnen», ist ja auch nichts anderes als ein einziger geistiger Krankheitsherd.*[213] Hinter dieser enthumanisierten und akademisierten Art der Auseinandersetzung mit der Vergangenheit verbarg sich für ihn nur eine andere, subtile Form des Vergessens. Dem hielt er die dem Kunstwerk eingeschriebene Möglichkeit entgegen, das Leiden erinnernd zu bewahren, das Leiden, das nicht verdrängt werden darf, soll es sich nicht wiederholen. An zwei recht unterschiedlichen Beispielen, dem Film «Hiroshima mon amour» von Alain Resnais und Marguerite Duras und den autobiographischen Schriften Jean Amérys, versuchte er zu zeigen, daß *der Prozeß des Vergessens einzig in der Kunst zum Stillstand gebracht wird... Das Gedächtnis der Welt besteht aus ein paar Bildern, Statuen, Klängen, Gedichten, epischen Passagen, in denen das Leiden zur Form gerinnt.*[214]

Andersch mit dem Regisseur Michelangelo Antonioni in Rom, 1964

Erinnernde Reflexion als Bewahrung der menschlichen Geschichte und radikale Subjektivität als *Methode des Menschen, die Wahrheit über sich selbst herauszufinden*[215] – dies sind die beiden Schlüsselbegriffe zum Verständnis von *Efraim*, Anderschs drittem Roman, der 1967 erschien. Dem in der literarästhetischen und geschichtstheoretischen Diskussion herrschenden Zeitgeist zum Trotz nähert sich Andersch hier der deutschen Vergangenheit aus extrem subjektiver Perspektive. Sein Held, der jüdische Journalist George Efraim, ist auf der Suche nach der vermutlich von den Nazis ermordeten Tochter seines Chefs. Die Suche nach dem Kind, dessen Spur sich 1938 verliert, wird für Efraim immer mehr zu einer Suche nach der eigenen Vergangenheit und der Vergangenheit des Landes, in dem er geboren wurde und aus dem er hatte fliehen müssen.

Mit *Efraim* irritierte Andersch seine Leser. Die Titelfigur ist mit Charakterzügen ausgestattet, die es unmöglich machen, sich vorschnell mit ihm zu identifizieren: Efraim steht, wie er selbst sagt, in fast allen Fragen auf seiten der Linken, aber er arbeitet für eine konservative Zeitung und hält nichts davon, in die politischen Ereignisse einzugreifen. Er fühlt sich als Jude, ist aber nichtgläubig und kann sich mit dem Judentum nicht

Alfred und Gisela Andersch

ineinssetzen. Er ist heimatlos gewordenes, verfolgtes Opfer, taugt abe
nicht als Objekt für philosemitisches Mitleid. Er gehört zur privilegierte
Schicht der Intellektuellen, hält sich aber nicht an deren Spielregeln un
will nicht «diskutieren», sondern «reden». Den glatten Erklärungsmu
stern der Vergangenheitsbewältiger stellt er die provozierende These en
gegen, daß die Geschichte ein Produkt des Chaos und des Zufalls sei; we
ihm Auschwitz zu erklären versuche, mache sich ihm verdächtig.

Efraim wurde mit Max Frischs «Stiller» und Saul Bellows «Herzog
verglichen, beides Bücher, die den Identitätskonflikt des Individuum
herausstellen. In der Geschichte des Außenseiters, Zweiflers und Prove
kateurs George Efraim bildet die Suche nach der eigenen Identität jedo
nur den Hintergrund für die radikale Skepsis gegenüber allen «Sinnve
mittlungen» und Erklärungen, mit denen das unfaßbare Grauen ration
lisiert werden soll.

Seinem dreiundfünfzigjährigen Autor brachte der antifaschistische R
man *Efraim* die bis dahin höchste öffentliche Anerkennung ein. Auf Vo
schlag von Nelly Sachs, auf deren Namen die Auszeichnung lautet, erhie
Andersch 1967 den Kulturpreis der Stadt Dortmund, «in Würdigung se
ner geistigen Haltung, mit der er eine neue demokratische Gesellscha
anstrebt»[216], wie es in der Begründung hieß.

98

Revisionen

Am Ausgang der sechziger Jahre kam es zu einer grundlegenden Veränderung in Anderschs politischem Weltbild. Bis dahin hatte er geglaubt, *daß der Prozeß der Demokratisierung Fortschritte machen würde, trotz Adenauer, trotz dieser langen Adenauerschen Restaurationsperiode*[217]. Sein Optimismus hatte sich vor allem auf die Vorbildfunktion gestützt, die in seinen Augen die USA als Modell für eine funktionierende bürgerliche Demokratie seit Kriegsende innegehabt hatten. Damit war es vorbei, als er erkannte, mit welchen Mitteln und mit welchen Folgen die USA ihre politischen Ziele, vor allem in der sogenannten Dritten Welt, durchsetzten. *Ich habe einen grundsätzlichen Irrtum begangen, als ich von der Zeit nach dem Krieg bis 1970 an das westliche Demokratieverständnis geglaubt habe. Davon wurde ich gründlich kuriert durch die Errichtung der Militärdiktaturen durch die USA, die keinen größeren Ehrgeiz haben, als überall, wo sie hinkommen, Militärdiktaturen zu hinterlassen, wenn sie mit irgendwelchen Schwierigkeiten nicht fertig werden; dann die Tötung, die physische Tötung aller auf Ausgleich gerichteten Politiker durch die CIA: Leute wie Hammarskjöld, Lumumba, Martin Luther King, die beiden Kennedys, alle wurden umgebracht, die unter Umständen die allgemeine Linie der westlichen demokratischen Politik verändert hätten.*[218] Seine Enttäuschung ging so weit, daß er noch kurz vor seinem Tod den 1950 verfaßten Aufsatz *Thomas Mann als Politiker* öffentlich widerrief.[219] Er hatte darin die amerikanische Demokratie unter Präsident Roosevelt als Vorbild für ein globales politisches Modell gepriesen.

Der Vietnam-Krieg, die Unterstützung des Junta-Regimes in Griechenland und der von den USA gelenkte Putsch gegen die sozialistische Allende-Regierung in Chile waren für Andersch die Schlüsselerfahrungen, die sein Vertrauen in die Entwicklungsfähigkeit des Systems der bürgerlichen Demokratie endgültig zerstörten. Ein solch radikaler Umschlag in seinem Demokratieverständnis konnte nicht ohne Folgen für sein Schreiben, für sein Selbstverständnis als politisch denkender Autor bleiben. Er stand vor der Frage, ob nicht der gesellschaftliche Anspruch, den er an sein literarisches Schaffen stellte, dadurch entwertet wurde, daß er von falschen politischen Zielsetzungen und Hoffnungen ausgegangen war. Kein anderer Text als die Titelgeschichte des 1972 erschienenen

Erzählbandes *Mein Verschwinden in Providence* zeigt deutlicher die Selbstzweifel des Schriftstellers Andersch und die Verunsicherung über den Sinn des Schreibens nach dem Verlust der demokratischen Illusionen. Mit dieser Erzählung (oder besser: Skizzen zu einer Erzählung, denn *Mein Verschwinden in Providence* besteht aus einer längeren Folge von diskontinuierlich angeordneten Notaten) nimmt Andersch Abschied von seiner bisherigen politischen Leitidee, dem Vertrauen auf die amerikanische Form der Demokratie; gleichzeitig überprüft er darin den gesellschaftlichen Standort des Schriftstellers. Der Text ist von hohem autobiographischem Wert: Im Herbst 1970 war Andersch zu einer Vortragsreise nach Nordamerika eingeladen worden. Er sollte an verschiedenen Goethe-Instituten und German Departments von Universitäten in den USA und Kanada Lesungen und Kolloquien durchführen. Auf dieser Reise bekam er zwar kaum mehr zu Gesicht als *Flugplätze, Wolkenfelder und Universitäten*[220], er fand aber Zeit, noch einmal die beiden Orte an der Atlantikküste zu besuchen, wo er als Kriegsgefangener zuletzt interniert gewesen war und sich die Grundlagen seines – nunmehr von ihm selbst bezweifelten – Demokratieverständnisses angeeignet hatte.

Aus dieser Wiederbegegnung mit der Vergangenheit entwickelt sich in der Erzählung eine (selbst-)ironische Parabel auf die gesellschaftliche Funktion des Schriftstellers. Anderschs alter ego, der Autor T. (vermutlich eine Anspielung auf Goethes «Tasso»), *ein (west)deutscher Schriftsteller von mittlerem Bekanntheitsgrad*[221], absolviert im Auftrag des Goethe-Instituts eine Lesetournee durch einige amerikanische Universitäten. Eigentlich war er nur in die USA gekommen, um die Narragansett-Bucht wiederzusehen, wo er im Sommer vor 25 Jahren als Kriegsgefangener gelebt hatte. Doch die Erinnerung daran ist ihm schal geworden. Er verspürt plötzlich keine Lust mehr, den *Schauplatz einer vergangenen Utopie*[222] aufzusuchen. Unversehens gerät er in eine Falle. Das sympathische Ehepaar William und Eliza Dorrance, das er zufällig kennengelernt hatte, zwingt ihn mit sanfter Gewalt, in ihrem Haus zu bleiben. Der Vorschlag, den sie ihm unterbreiten, enthält das zentrale Problem des gesellschaftlichen Anspruchs von Literatur: *Ich sollte zwar als ihr Gefangener leben, jedoch völlig frei schreiben können, ohne auf irgendwelche Lebensumstände, wirtschaftliche Verhältnisse, Abhängigkeiten, Beziehungen, Traditionen, Strukturen, in denen ich bisher als Schriftsteller «erschienen» war, Rücksicht nehmen zu brauchen. Es würde mir an nichts mangeln.*[223]

In diesem auf den ersten Blick verführerischen Angebot steckt, zugespitzt formuliert, Anderschs bisheriges Selbstverständnis als Schriftsteller: sein Postulat der völligen inneren Freiheit, der Loslösung von allen bindenden Ideen und Ideologien. Es enthält zugleich aber auch eine grundlegende Kritik an diesem Postulat. Denn die vollkommene innere Ungebundenheit des Schriftstellers kann nur erkauft werden durch freiwillige Gefangenschaft, durch das Einverständnis, auf die gesellschaft liche Wirkungsmöglichkeit von Literatur zu verzichten: Was T. schreiben würde, käme bestenfalls noch im privaten Bezirk der Dorrances zu Gehör. Wo aber das gesellschaftliche Wirkungsfeld der literarischen Äußerung a priori nahezu auf Null reduziert wird, gibt sich die Literatur selbst preis. Als Gegenstand ausschließlich privaten Interesses bleibt sie sozial folgenlos, wird sie zum dekorativen Element, bestenfalls zum Mittel der Unterhaltung und Zerstreuung. In der Geschichte des Schriftstellers T. spielt Andersch auf die Rolle an, die dem Künstler und Intellektuellen von der bürgerlichen Gesellschaft abverlangt wird. Die scheinbar absolute Freiheit, die man ihm zubilligt, ist eine ideelle und ästhetische Freiheit, die der Gesellschaft nicht gefährlich werden kann.

Mit dieser Erkenntnis, die eine Selbstkritik des Schriftstellers Andersch an seiner früheren Forderung der Bindungslosigkeit einschließt, beginnt für Andersch eine neue Phase des politischen und literarischen Engagements. Die in den Sammelband *Mein Verschwinden in Providence* aufgenommenen Erzählungen lassen erkennen, daß für Andersch in der Zeit zwischen 1968 und 1971, der Entstehungszeit der Erzählungen, ein lebensgeschichtlich bedeutsamer Umbruch stattgefunden hat. Ein Thema zieht sich wie ein roter Faden durch fast alle Erzählungen des Bandes: der Abschied vom bisherigen Leben. In der Geschichte *Tochter* erfährt der Arzt Richard Wagner das Gefühl des Alterns und der Trennung; ihm wird bewußt, daß er nun eine entscheidende Lebensphase endgültig abgeschlossen hat. Die Erzählung *Die erste Stunde* handelt vom schockartigen Eintritt in ein neues Leben, mit dem der ehemalige Strafgefangene Ehlers bei seiner Entlassung nach zwanzigjährigem Gefängnisaufenthalt konfrontiert wird. Dem Dortmunder Tiefbauingenieur aus der Novelle *Ein Vormittag am Meer* gerät ein harmlos scheinender Badeausflug zum Abschied vom Leben selbst. Er geht, halb mutwillig, halb ungewollt, in den Tod, nachdem er die Inhaltsleere seines Daseins erkannt hat. In der Erzählung *Noch schöner wohnen* bricht der Geschäftsmann und Unternehmer Albert Lins mit seiner beruflichen Vergangenheit und zieht sich in die Einsamkeit Irlands zurück, um sich ganz seinen Kunststudien zu widmen.

Eine besondere Bedeutung kommt den in diesem Band enthaltenen Franz-Kien-Geschichten *Brüder, Festschrift für Captain Fleischer* und *Die Inseln unter dem Winde* zu. *Franz Kien* ist unter allen literarischen Gestalten, die Andersch je mit autobiographischen Zügen ausgestattet hat, diejenige, die seiner Person am nächsten steht. Noch kurz vor seinem Tod erklärte er, bei den Franz-Kien-Geschichten handle es sich *um Erinnerungen an mich selbst, um Versuche, eine Autobiographie in Erzählungen zu schreiben. Franz Kien bin ich selbst.*[224] Ein Mißverständnis wäre es aber, die Erzählungen über Franz Kien als authentische Berichte aus Anderschs Lebensgeschichte zu nehmen. Sie sind zwar in hohem Maße autobiographisch, verlieren aber deshalb nicht ihren literarischen Charakter, das heißt, sie dürfen nicht oder nicht in erster Linie nach den Maßstäben der Authentizität, sondern müssen nach den Kriterien bewertet werden, die der literarischen Fiktion adäquat sind. Wenn dieser Unterschied übersehen und der fiktionale Spielraum, den die Erzählung sich schafft, mit historischer oder (auto-)biographischer Dokumentation verwechselt wird, kann es zu einer solch unergiebigen Diskussion kommen, wie sie nach der Veröffentlichung der Franz-Kien-Geschichte *Der Vater eines Mörders* entstanden ist. Die im Feuilleton der «Süddeutschen Zeitung» (die die Erzählung vorabgedruckt hatte) ausgetragene Kontroverse entzündete sich an der Frage, ob den von Andersch geschilderten Begebenheiten historischer Wahrheitsgehalt zukomme oder nicht. Interessant war zu beobachten, daß die Kontrahenten stets so diskutierten, als ob sie einen Tatsachenbericht beurteilten und nicht einen literarischen Text.

Die Franz-Kien-Geschichten sind vor allem das Medium, in dem Andersch seine eigene Jugend einer Revision unterzog. In den Erzählungen über Franz Kien fand er zu seinen Anfängen zurück, zu den lebensgeschichtlichen Stadien, die prägend waren für seine spätere literarische und politische Entwicklung. Die erste dieser Geschichten, *Alte Peripherie*, entstand 1962. In ihr kehrt die Erinnerung zurück zu den Jahren um 1930, als Andersch, damals Lehrling im Lehmann'schen Verlag, nach Orientierungen suchte, um aus dem als erdrückend empfundenen Milieu seines Elternhauses und seines Stadtviertels herauszufinden. Die drei Franz-Kien-Erzählungen aus dem Sammelband *Mein Verschwinden in Providence* umgrenzen die lebensgeschichtlich wichtigste Periode: den Beginn der nationalsozialistischen Diktatur und die Lagerhaft in Dachau in *Die Inseln unter dem Winde*, den Kriegsbeginn in *Brüder* und die Gefangenschaft in *Festschrift für Captain Fleischer*. Bedeutsam sind die Franz-Kien-Geschichten, weil in ihnen die Erinnerung an die eigene Geschichte nicht nur bewahrt, sondern transzendiert wird in Richtung auf eine Überprüfung und Neubewertung der Vergangenheit. Überprüft werden bestimmte Entscheidungssituationen, in die Anderschs alter ego Franz Kien gerät. Den historischen Hintergrund bildet dabei immer die für Anderschs Entwicklung wichtigste Periode, die Zeit vor und während des Faschismus. Die Franz-Kien-Geschichten betreiben keine Rückwendung, sie versuchen nicht, sich der Vergangenheit durch Wiedereinfühlung zu nähern. Vielmehr handelt es sich bei ihnen um Analysen des Zusammenhangs von persönlicher und politischer Geschichte.

Daß Andersch sich nach seiner Desillusionierung über den bürgerlichen Demokratisierungsprozeß in seiner literarischen und publizistischen Arbeit immer stärker dem Thema des deutschen Faschismus zuwandte, hatte seinen guten Grund. Nach dem Scheitern der politischen und sozialen Reformabsichten, etwa seit Mitte der sechziger Jahre, war ihm bewußt geworden, daß 1945 kein endgültiger Bruch mit der nationalsozialistischen Vergangenheit stattgefunden hatte. Das bürgerlich

System der Demokratie bot keineswegs Gewähr, ein erneutes Aufkommen des Faschismus zu verhindern, im Gegenteil: in Krisensituationen wurde auf die überkommenen autoritären und obrigkeitsstaatlichen Mittel zurückgegriffen. Bestimmte undemokratische Traditionen der Zeit vor 1945 hatten überdauert und kamen nun beispielsweise in den Notstandsgesetzen und in den Berufsverboten wieder zum Vorschein. Eine Kritik der gegenwärtigen Verhältnisse mußte deshalb die Auseinandersetzung mit der faschistischen Vergangenheit einschließen: *Den Vorwurf, ich könne mich nicht von der Vergangenheit lösen, akzeptiere ich. Ich denke gar nicht daran, auf die Erörterung der Geschichte des deutschen Faschismus, die mein ganzes Leben bestimmt hat, zu verzichten; für mich war der Einbruch des Faschismus in die deutsche Geschichte subjektiv und objektiv das entscheidende Ereignis meines Lebens. Ich bin fixiert darauf, ich wünsche auch das zu sein, vor allem deshalb, weil ich schon wieder die Gefahr eines neuen Faschismus sehe. Man muß etwas tun, man muß gegen unmenschliche Entwicklungen etwas machen.*[225]

Alfred Andersch begnügte sich nicht damit, Geschichte zu «erörtern»; die Vergangenheit einer Revision zu unterziehen war für ihn gleichbedeutend mit der Frage, wie Geschichte anders hätte verlaufen können. Dies wird gewöhnlich als überflüssige Gedankenspielerei angesehen. Nach Andersch gibt es aber ein gutes Argument, sich dennoch mit dieser Frage zu beschäftigen. Denn seiner Meinung nach läuft derjenige, der darauf verzichtet sich vorzustellen, wie es anders hätte sein können, Gefahr, das Gegebene als unabänderlich hinzunehmen; er verschenkt die Möglichkeit, verändernd in die Gegenwart einzugreifen: *Carl Schmitt, der brillanteste Faschist, den ich jemals getroffen habe, sagte zu mir, als ich mit ihm über das Mögliche sprach: «Wissen Sie, man kann historische Konditionalsätze überhaupt nicht bilden.» – «Wie meinen Sie das?» fragte ich, verständnislos. «Nehmen Sie ein Beispiel! Man könnte sagen: wenn Hitler seine Truppen im Sommer 1940, nachdem Frankreich geschlagen war, von Dünkirchen nach England hätte übersetzen lassen, so hätte er den Krieg gewonnen. Ein solcher Satz ist unsinnig, es ist vollständig zwecklos, ihn auch nur zu denken.» – «Aber warum denn?» Ich war noch immer konsterniert. «Weil Hitler nicht nach England übergesetzt hat», erwiderte er, heiter. Der Gedanke hatte die Faszination alles Lapidaren, und es dauerte eine Weile, bis ich begriff, daß der berühmte Lehrer eines berüchtigten Staatsrechts etwas so Geistlosem anhing wie der Lehre von den vollzogenen Tatsachen. Immoralismus, wertfrei, oder heruntergekommener Nietzsche, Theorie-Ersatz für den Faschismus? Tragischer Fatalismus oder banale Rechtfertigung jeder Schweinerei durch einen linguistischen Trick: die Diktatur des Indikativs? ... (Aber Schmitt war schlau gewesen, mit seinem Hitler-Beispiel. Er malte mir eine schlechtere Möglichkeit aus.)*[226]

In seinem letzten Roman, dem 1974 erschienenen *Winterspelt*, findet sich der Satz: *Wenn man darauf verzichtet, sich vorzustellen, wie etwas hätte sein können, verzichtet man auf die Vorstellung einer besseren Möglichkeit überhaupt. Dann nimmt man Geschichte hin, wie sie eben kommt.*[227] Dies wäre nichts anderes als das Eingeständnis, gegen die «Macht des Faktischen» ohnmächtig zu sein, eine Haltung, die Anderschs Auffassung vom Menschen und seiner Verantwortlichkeit direkt entgegengesetzt ist; sie würde die Preisgabe jeglicher sozialer Utopie bedeuten. Wenn Geschichte nicht als unvorhersehbares Ergebnis unbeherrschbarer Naturmächte angesehen werden soll, sondern wenn – wie Andersch dies in seinem Aufsatz zum Kriegsbeginn 1914 nachgewiesen hat – alles vom Menschen *gemacht worden sein mußte*[228], mithin auch anders hätte gemacht werden können, ist es nicht nur erlaubt, sondern geradezu notwendig, *historische Konditionalsätze* aufzustellen. Das *Denken im Kon-*

Alfred Andersch
Winterspelt

Roman

Buchumschlag der DDR-Ausgabe von «Winterspelt»

Andersch vor der Ortstafel von Winterspelt, um 1975

junktiv[229] verweigert sich der Anschauung, Geschichte als unvermeidliches Schicksal zu akzeptieren.

Der Roman *Winterspelt* ist der großangelegte Versuch, die in der Geschichte angelegten, aber nicht realisierten Möglichkeiten aufzubewahren. Andersch bezeichnete den Roman als *ein Kammerspiel um den Gedanken herum, man brauche Geschichte nicht hinzunehmen, wie sie gekommen. Nie. Kein pazifistisches Buch, sondern ein Akt des Denkens gegen die Philosophie der Generalfeldmarschälle.*[230] Der Roman beansprucht die Freiheit der Literatur, das Nicht-Geschehene vorstellbar werden zu lassen, ohne deshalb unrealistisch zu sein: *Geschichte berichtet, wie es gewesen. Erzählung spielt eine Möglichkeit durch.*[231] Diese Möglichkeit ist in *Winterspelt* die verpaßte Chance der Wehrmachtsoffiziere, durch planvollen Widerstand den Zweiten Weltkrieg zu verkürzen und das Hitler-Regime zu beseitigen.

Ort und Zeit des Geschehens: Ein winziger Frontabschnitt in der Eifel, das Dorf Winterspelt zwischen dem 2. und 12. Oktober 1944. Während im Hinterland die Vorbereitungen für das Unternehmen «Wacht am Rhein» ablaufen, die später als Ardennen-Schlacht bezeichnete letzte Großoffensive der deutschen Armeen, die mit riesigen Verlusten auf beiden Seiten endete, stehen sich in der Eifel nahezu unbeweglich amerikanische und deutsche Verbände gegenüber. Es herrscht die Ruhe vor dem Sturm.

In Winterspelt ist das Bataillon von Major Dincklage stationiert, einem Offizier, der die Armee als Möglichkeit ansieht, *den Nationalsozialismus auf halbwegs saubere Art zu überwintern*[232]. Dincklage hat erkannt, daß der Krieg aus militärischer Sicht längst schon verloren ist. Er spielt deshalb mit dem Gedanken, sein Bataillon kampflos den Amerikanern zu übergeben, um auf diese Weise weitere sinnlose Opfer zu vermeiden.

Doch es geht dem Erzähler nicht darum, diesen Gedanken auszumalen. In einem Autorenkommentar merkt Andersch dazu an: *Es mag scheinen, als sei, indem Dincklages Plan enthüllt wurde, die Katze aus dem Sack der Erzählung gelassen worden. Davon kann nicht die Rede sein. Diese Erzählung macht sich nichts daraus, zu erzählen, ob und wie es dem Major Dincklage gelingt oder mißlingt, ein nahezu kriegsstarkes deutsches Bataillon den Amerikanern zu übergeben... wie jedermann weiß, hat es die Übergabe eines Bataillons durch einen kommandierenden Offizier an den Feind während des 2. Weltkrieges... niemals gegeben... So weit darf Erzählung die Fiktion nicht treiben. Ihr genügt ein Sandkastenspiel.*[233]

Das *Sandkastenspiel*, das Andersch interessiert, ist das Zusammenwirken der fünf Hauptpersonen, die an Dincklages Plan direkt beteiligt sind und die versuchen, ihn in die Tat umzusetzen. Abgesehen von Dincklage selbst sind dies: die Lehrerin Käthe Lenk, die, auf der Flucht vor dem Bombenkrieg und der Zwangsverpflichtung, in Winterspelt Unterschlupf gefunden hat. Sie unterhält eine Liebesbeziehung zu Dincklage; dadurch gerät der Stein ins Rollen. Bevor sie Dincklage kennengelernt hatte, lebte sie mit Wenzel Hainstock zusammen, einem ehemaligen KZ-Häftling. Hainstock ist Kommunist und haust versteckt in einem Steinbruch in der Nähe von Winterspelt, wo er auf das Ende des Krieges wartet. Unregelmäßiger Besucher bei Hainstock ist der Kunsthistoriker Schefold, ein *radikaler Stendhalien*[234], der mit falschen Papieren und ausgezeichneter Ortskenntnis zwischen den Frontlinien hin und her wechselt. Schefold hat, da er von den Amerikanern als harmloser Grenzgänger und nützlicher Informant angesehen wird, direkten Zugang zu Captain Kimbrough, der mit seinen Truppen dem Bataillon Dincklages genau gegenüberliegt. Diese fünf Personen repräsentieren, in jeweils individueller Ausformung, die Anti-Hitler-Koalition: ein idealistischer Offizier aus dem katholischen Besitzbürgertum, der seinen Anschauungen nach den Männern des 20. Juli angehört haben könnte; ein von den Nazis verfolgter Kommunist mit KZ-Vergangenheit, der über klare Einsichten in das Wesen des Faschismus und des faschistischen Kriegs verfügt; eine Intellektuelle, die sich mit dem Gegebenen nicht abfindet und in ihrer Auflehnung gegen alle Bindungen die Freiheit zu finden hofft; ein großbürgerlicher Schöngeist, dessen Denken von den humanistischen Idealen geprägt ist; und schließlich ein desillusionierter amerikanischer Anwalt in Offiziersuniform, der weiß, daß

Amerika vor allem deshalb in den Krieg eingetreten ist, um seine Position als Weltmacht zu stärken.

Dincklages Plan ist keine reine Erfindung des Autors. Andersch selbst gibt an, durch seine spätere Ehefrau Gisela Groneuer, die von 1941 bis 1945 in der Westeifel lebte, von Gesprächen deutscher Offiziere erfahren zu haben, *in denen Pläne erörtert wurden, die denen des Majors Dincklage entsprachen*[235]. Historisch gesichert und dokumentarisch belegt ist jedenfalls eine Begebenheit, die sich etwa zu der Zeit, in der der Roman spielt, nur wenig weiter nördlich, im Raum Aachen, ereignete. Zwischen dem 12. und 19. September 1944 wurde die 116. Panzer-Division des Generalleutnants Gerhard Graf von Schwerin, die sich auf dem Rückzug aus Belgien befand, in die Kämpfe um Aachen verwickelt. Nachdem Polizei, Partei und andere Dienststellen bereits fluchtartig die Stadt verlassen hatten, ordnete Schwerin als Stadtkommandant von Aachen an, die Evakuierung zu unterbrechen. Er hoffte, daß durch einen raschen Vorstoß der Amerikaner – vorausgesetzt, es würde ihnen kein Widerstand entgegengesetzt werden – die Stadt möglichst unbeschädigt und ohne Verluste bei der Zivilbevölkerung eingenommen werden würde. Schwerin hatte längst eingesehen, daß der Krieg verloren war und die Weiterführung des Kampfs im eigenen Land «zur völligen Katastrophe und restlosen Zerstörung unseres Vaterlandes führen müsse»[236], wie es in der Kommandeursbesprechung vom 8. September hieß. Sein Ziel war, die 116. Panzer-Division, die den Abschnitt Aachen kontrollierte, von den Amerikanern kampflos einschließen oder überrollen zu lassen. Auf diese Weise wäre in der Frontlinie ein Loch aufgerissen worden, das den Amerikanern den Weg nach Köln und ins Ruhrgebiet freigegeben hätte. «Damit wäre der Krieg schnell zu Ende gegangen, vielleicht noch vor Ende des Jahres 1944.»[237] Die Bedeutung eines solchen Plans läßt sich erst dann völlig ermessen, wenn man sich vergegenwärtigt, daß auf das letzte halbe Jahr des Krieges mehr als die Hälfte der gesamten Menschenverluste und der Kriegszerstörungen, die Deutschland verzeichnete, entfallen. Jeder Monat, jede Woche, um die der Krieg früher beendet worden wäre, hätte unzählige Menschenleben gerettet.

Schwerins Überlegungen liefen fehl. Der amerikanische Vormarsch kam vor dem «Westwall» zum Stehen, die Chance zu einem raschen Vorrücken wurde nicht genutzt, vermutlich, weil die amerikanischen Panzerarmeen keinen Betriebsstoff mehr hatten oder weil sie die Stärke der ihnen gegenüberliegenden feindlichen Verbände überschätzten. Schwerin, der in Aachen eine persönliche Note an den amerikanischen Kommandierenden hinterlassen hatte, in der er um Nachsicht für die Zivilbevölkerung bat, mußte sich wegen seines Vorgehens vor einem kriegsgerichtsähnlichen Tribunal verantworten.

Der fiktive Plan Dincklages scheitert ebenso, wie der historisch reale Plan des Grafen Schwerin gescheitert ist. Schon im vorhinein stellt Andersch klar, daß im militärischen Denken beider Seiten, der Deutschen wie der Amerikaner, ein Akt der Moral und der Vernunft, wie ihn Dincklage beabsichtigte, nicht die geringste Chance der Realisierung besaß. Der Plan scheitert letztlich an der zögerlichen Reaktion des amerikanischen Führungsstabs, dem das Angebot Dincklages strategisch überhaupt nicht zupaß kommt. Ausschlaggebend ist, daß die Amerikaner in Dincklage nur einen Verräter sehen, der aus den Spielregeln der *Internationale der Offiziere*[238] ausbrechen will, was sie nicht billigen können.

Im Mittelpunkt von *Winterspelt* steht also nicht die Frage, ob und wie der Plan durchgeführt wird, sondern das *Kammerspiel*, das sich zwischen den Personen entwickelt, die in den Plan eingeweiht sind. Es ist das Mit- und Gegeneinander, das Berührungspunkte schafft und Mißverständnisse entstehen läßt und aus dem deutlich wird, welche Deformationen Faschismus und Krieg am Menschen angerichtet haben. Die Hauptpersonen werden in ihren Biographien vorgestellt, sie werden in Beziehungen zueinander gesetzt und miteinander verglichen. Das Geschehen bietet sich aus der ständig wechselnden Sicht der Betroffenen dar; so gelingt es Andersch, die ihnen gemeinsame Realität des Krieges als sehr unterschiedlich erfahrene Wirklichkeit kenntlich zu machen. Aus den bruchstückhaften Erzählpartikeln und durch die raschen Perspektivenwechsel gewinnt der Leser erst in der Gesamtschau einen Überblick. Anders als auf dem größten Gemälde der Welt, der Darstellung einer Schlacht aus dem Amerikanischen Bürgerkrieg, das im Roman zitiert wird, stellt *Winterspelt* keinen vorgeblich realitätsgetreuen Panoramablick her, sondern sucht nach der Wahrheit in der Facettierung und Auffächerung der Perspektiven.

Der Roman verzichtet auf endgültige Antworten. Er ist einer Versuchsanordnung vergleichbar, in der unter genau festgelegten Bedingungen erprobt wird, welche Handlungsmöglichkeiten bestanden. Andersch selbst erklärte dazu: *Diese ganze jüngste Geschichte hat für mich so viel rätselhafte Momente, daß ich damit nicht fertig werde. Nun will ich sie aber gar nicht aufarbeiten oder bewältigen oder so etwas, sondern ich will eine Situation schildern, man kann auch sagen, ein Planspiel durchspielen, wie es hätte sein können, wenn.*[239]

Die historische Ardennen-Offensive begann am Morgen des 16. Dezember 1944. Sie kostete mehr als 75 000 Menschen das Leben.

Das «Wiederfinden der Linken»

Die Frage, ob Geschichte so hingenommen werden muß, wie sie verlaufen ist, hat Andersch bis an sein Lebensende nicht mehr losgelassen. Mit dieser Frage war unmittelbar die Suche nach denkbaren Alternativen im Gang der Geschichte verbunden, nach Handlungsmöglichkeiten vor dem Hintergrund konkreter historischer Entscheidungssituationen, wie er sie in *Winterspelt* beispielhaft entworfen hatte. *Ich vermute, daß die geschichtlichen «Lagen» immer gleich kompliziert sind. Nicht die Lage ist neu, aber jede Lage verlangt einen neuen Einstieg in sie.*[240] Die Überprüfung der Vergangenheit, das Durchspielen von möglichen Haltungen und Handlungen vor dem geschichtlichen Erfahrungshorizont ist daher eine notwendige Voraussetzung, um in der neuen «Lage» nicht noch einmal in die alten Fehler zu verfallen.

In seinen letzten Lebensjahren setzte Andersch sich deshalb immer wieder mit dem Problem auseinander, weshalb der Faschismus nicht hatte verhindert werden können. Nach der Beendigung von *Winterspelt* arbeitete er an einem Hörspiel, das dieses Thema aufgreift. Es sollte ein Stück über den kommunistischen Funktionär und Reichstagsabgeordneten Hans Beimler werden. Andersch war Beimler während seiner Münchner Jahre begegnet. Der Name des früheren Vorsitzenden der bayerischen KPD steht in dem Hörspiel stellvertretend für die revolutionäre Linke, die vor dem Faschismus nicht kapituliert hatte, aber dennoch gescheitert war. *Hans Beimler, der einzige, dem es gelungen war, aus Dachau zu fliehen, fiel drei Jahre später in Madrid. Wenn ihm noch einige Sekunden des Bewußtseins vergönnt waren, ehe er starb, muß er gedacht haben: aber da wär's doch eigentlich besser gewesen, in Berlin zu fallen!*[241] Die Erinnerung an den Tod von Beimler wurde für Andersch zum Anlaß, sich selbstkritisch damit zu beschäftigen, ob der Sieg des Faschismus unvermeidbar gewesen war oder wie weit die Linke durch ihre eigenen Fehler, durch ihre innere Spaltung und ihr zögerndes Verhalten indirekt dazu beigetragen hatte. Der 12. September 1973 hatte auf dramatische Weise gezeigt, wie notwendig es war, sich dieser Frage zu stellen. An diesem Tag wiederholte sich nämlich in Chile, wenn auch unter anderen politischen Bedingungen, was 40 Jahre früher in Deutschland geschehen war: die von den Linken mitverschuldete Niederlage vor dem Faschismus. Das Beimler-

Hans Beimler

Hörspiel blieb Fragment, Andersch mußte die Arbeit daran wegen einer schweren Erkrankung für längere Zeit unterbrechen.

Daß Alternativen im Gang der Geschichte nicht nur denkbar, sondern auch realisierbar sind, bewies die «Revolution der Nelken» in Portugal. Dort hatte sich verwirklicht, was in *Winterspelt* als Möglichkeit erwogen worden war: der Aufstand junger Offiziere gegen die Diktatur. Leidenschaftlich, wie man es nicht erwartet hatte, warb Andersch um Sympathie für die portugiesische Revolution und nahm sie in Schutz vor der *dunkel raunenden oder offen hetzerischen Berichterstattung*[242] der bürgerlichen Presse in der Bundesrepublik, insbesondere vor der «Frankfurter Allgemeinen Zeitung», *die nacheinander den Vietnam-Krieg, das griechische Obristen-Regime, den amerikanischen Watergate-Präsidenten und die Ermordung Salvador Allendes verteidigt*[243] und damit für Andersch ihre Demokratie-feindliche Haltung genügend unter Beweis gestellt hat.

Mit seinem Reisebericht aus dem revolutionären Portugal hatte sich Andersch erstmals seit seinem erklärten Verzicht auf öffentliches Engagement wieder als politischer Kommentator zu Wort gemeldet. In einem Interview vom Herbst 1975 erklärte er, daß er von nun an, *wenn es mir nötig erscheint, zu der einen oder anderen Frage von öffentlichem Interesse Stellung nehmen werde*[244]. Die Enttäuschung über den Prozeß der Demokratisierung hatte ihn dazu gebracht, seine Zurückhaltung bei politischen Auseinandersetzungen aufzugeben und in der öffentlichen Diskussion wieder Partei zu ergreifen. Daß dem ein nachhaltiger Wandel in seiner Einstellung zugrunde lag, belegen die Notizen zur Autobiographie. Darin bezeichnet Andersch die siebziger Jahre als *wiedergefundene Zeit*[245], als Zeit des *wiederfindens der linken*[246]. Zurückgefunden hatte er zu seinen früheren sozialistischen Positionen, für die er von nun an offensiv eintrat. Sichtbarer Beleg dafür sollte der 1975 abgefaßte *Öffentliche Brief an einen sowjetischen Schriftsteller, das Überholte betreffend* sein.

Anlaß zu diesem Brief an Konstantin Simonow, den Vorsitzenden des sowjetischen Schriftstellerverbandes, bot eine Einladung zu einer internationalen Autorenkonferenz in Moskau, an der Andersch im Oktober 1975 teilgenommen hatte. Von Friedrich Hitzer, dem Herausgeber der linken Literaturzeitschrift «Kürbiskern», mit dem Andersch befreundet

Konstantin Simonow

Andersch signiert «Winterspelt», 1974

war, stammte der Vorschlag, dieses Moskauer Treffen zu einem inoffiziellen Meinungsaustausch zwischen Schriftstellern aus Ost und West auszuweiten. Andersch war sehr angetan von dieser Idee und gewann auch seinen Freund Max Frisch dafür. Er selbst machte den Anfang.

Im *Öffentlichen Brief* an Simonow bekennt Andersch sich zu Versäumnissen in seiner politischen und literarischen Biographie. Gleichzeitig gibt er darin seine erneute Parteinahme für die sozialistische Gesellschaftsordnung bekannt: *Spannungen wie diejenige, die zwischen Kapitalismus und Sozialismus besteht, müssen ausgetragen werden. Ich selber halte mich für überzeugt, daß der Kapitalismus nicht mehr imstande ist, die Probleme zu lösen, die er selber erzeugt hat, und daß sie nur gelöst werden können durch Sozialismus, durch weltumspannende Planung sozialistischer Arbeit. Nichts hat mich in der Sowjetunion stärker beeindruckt als der unbedingte Wille, zu einer solchen Weltlösung auf dem Wege des Friedens zu kommen, und durch Frieden allein. Für unsere kalten Krieger bin ich damit selbstverständlich «auf die Absichten kommunistischer Propaganda hereingefallen». Das ficht mich nicht an.*[247]

Etwa zur gleichen Zeit, um 1976, entstand ein thematisch ähnlicher Artikel, in welchem er den *öffentlichen Auftrag* des Schriftstellers definiert: *Besitzt der öffentliche Auftrag an den Schriftsteller heute einen bestimmten, konkreten Inhalt? Ich vermute, ja. Ich komme immer stärker zu der Überzeugung, daß wir Schriftsteller uns der Aufgabe, an einer Welt des Friedens mitzuarbeiten, nicht entziehen können. Ich lebe in einer Welt, die von der Fiktion des Krieges lebt. Damit will ich nicht sagen, daß diese Welt den Krieg wirklich will. Sie hat aber ein umfassendes ideologisches System geschaffen, in dem die Annahme eines gegen sie gerichteten Angriffskrieges einer anderen Welt als selbstverständliche Voraussetzung allen Denkens gilt. Dieses System durchdringt alle Lebensvorgänge. Es ist der Antikommunismus... Die manischen Züge am Antikommunismus sind es, die ihn so gefährlich machen. Sie verhindern, daß der Westen im Kommunismus ganz einfach nur einen Vorschlag erblickt, wie man das menschliche Leben auf dieser Erde human fortführen kann. Ich persönlich glaube, daß es angesichts der Entwicklung, welche der sogenannte Fortschritt genommen hat, nur im Sozialismus fortgeführt werden kann.*[248]

Mehr als mit seinen Aufrufen und seinem öffentlichen Bekenntnis zum Sozialismus erregte Andersch Aufsehen mit einem Gedicht. In ihrer Neujahrsausgabe von 1976 befragte die «Frankfurter Rundschau» Prominente aus dem Kulturleben zum geistigen Klima der Zeit. Schriftsteller, Künstler, Schauspieler und Regisseure waren aufgefordert, zu dem Thema «Gibt es überhaupt noch eine öffentlich-kontroverse Diskussion, eine fortlaufende Kulturdebatte?» Stellung zu nehmen. Zu den Befragten gehörte auch Andersch. Er antwortete mit zwei Gedichten. Eines davon trug den Titel *artikel 3 (3)*.

Es geht darin um die Praxis des im Februar 1972 verabschiedeten «Radikalenerlasses». Dieser Erlaß sieht vor, daß «verfassungsfeindliche Kräfte» vom öffentlichen Dienst ferngehalten werden. Er wurde und wird fast ausschließlich gegen Linke angewendet und bedeutet daher faktisch Berufsverbot für alle, die als Kommunisten, Sozialisten, aktive Mitglieder der Friedensbewegung und linke Gewerkschafter in den Staatsdienst, etwa als Lehrer, übernommen werden wollen. Die Handhabung des «Radikalenerlasses» entwickelte sich rasch zu einer meist vom Verfassungsschutz betriebenen Ausforschung der politischen Gesinnung der Bewerber für den Staatsdienst. Zusammen mit Ernst Bloch, Walter Jens, Heinar Kipphardt, Günter Wallraff und neun weiteren Unterzeichnern hatte Andersch im Juni 1972 einen Offenen Brief an das Präsidium des

Bundestags gerichtet und darin vor der demokratiefeindlichen Praxis des «Radikalenerlasses» gewarnt und zu einer Rücknahme aufgefordert.[249] Der Brief blieb, anders als das Gedicht, unbeachtet. In *artikel 3 (3)* heißt es:

> *ein volk von*
> *ex-nazis*
> *und ihren*
> *mitläufern*
> *betreibt schon wieder*
> *seinen lieblingssport*
> *die hetzjagd auf*
> *kommunisten*
> *sozialisten*
> *humanisten*
> *dissidenten*
> *linke*
>
> *wer rechts ist*
> *grinst*
>
> *beispielsweise*
> *wird eine partei zugelassen*
> *damit man*
> *die existenz*
> *ihrer mitglieder*
> *zerstören kann*
> *eigentlich waren*
> *die nazis*
> *ehrlicher*
> *zugegeben*
> *die neue methode ist*
> *cleverer*[250]

Wie kaum ein anderes Gedicht der westdeutschen Literatur nach dem Kriege wurde *artikel 3 (3)* zu einem Skandalon. An den heftigen Reaktionen der bürgerlich-konservativen Presse war zu ersehen, daß Andersch einen empfindlichen Nerv getroffen hatte: er wagte es, staatliche Maßnahmen mit den Praktiken der Nazis zu vergleichen:

> *das neue kz*
> *ist schon errichtet*
> *die radikalen sind ausgeschlossen*
> *vom öffentlichen Dienst*

also eingeschlossen
ins lager
das errichtet wird
für den gedanken an
die veränderung
öffentlichen dienstes

die gesellschaft
ist weiter geteilt
in wächter
und bewachte
wie gehabt

ein geruch breitet sich aus
der geruch einer maschine
die gas erzeugt[251]

Darüber hinaus begnügte er sich nicht allein mit Kritik, sondern rief in dem Gedicht zur Gegenwehr auf und erinnerte an die antifaschistische Tradition des Kampfes gegen die Zerstörung demokratischer Rechte.

Die Presse antwortete darauf mit Attacken und Verrissen. Vom Programmdirektor des Südwestfunks in Baden-Baden, Dieter Stolte, wurde eine Ausstrahlung von *artikel 3 (3)* kurzerhand untersagt. Stolte rechtfertigte diesen Akt der Zensur, indem er anführte, *artikel 3 (3)* sei eine gehässige Schmähschrift auf die Bundesrepublik, und es sei zu bezweifeln, ob dieser Text überhaupt als Gedicht, das heißt als Literatur angesehen werden könne.[252] Das war nur ein Vorgefecht. Der Hauptangriff gegen Andersch erfolgte vier Wochen nach Erscheinen des Gedichts in der «Frankfurter Allgemeinen Zeitung». Ihr Feuilleton-Chef, Günther Rühle, versuchte Anderschs Anklage gegen die Berufsverbote dadurch zu entwerten, daß er dem Autor bezichtigte, sich einer Sprache bedient zu haben, die einst das nationalsozialistische Hetzblatt «Der Stürmer» gesprochen hatte.[253] Auf diese Diffamierung durch das *Zeughaus rechtsgerichteter Politik*[254] – er meinte damit die «FAZ» – erwiderte Andersch: *Es wäre mir ein leichtes gewesen, mich auf den Standpunkt zurückzuziehen, daß das deutsche politische Gedicht von Heine und Herwegh bis Brecht und Enzensberger die Übertreibung als Stilmittel benutzt. Ich habe auf ästhetische Rückzüge verzichtet. Nicht, weil ich die Übertreibung als literarisches Stilmittel ablehne. Sondern weil mein Gedicht überhaupt nicht übertreibt. Es ist ein feststellendes Gedicht. Es macht ein Verbrechen und seine Täter dingfest.*[255]

Den Verteidigern der Berufsverbote fehlte das Vermögen, sich vorstellen zu können, daß auch das Ausspioniertwerden, die Gesinnungsschnüffelei, die Einschüchterung, der die Berufsverbots-Opfer ausgesetzt sind,

Formen der Folter darstellen, wie Andersch sie in seinem Gedicht beschrieben hatte. Die Veröffentlichung von und der Streit um *artikel 3 (3)* hatte zur Folge, daß Andersch – wie er in einem Interview mit der französischen kommunistischen Zeitung «L'Humanité» sagte – von der bürgerlichen Presse boykottiert wurde und nur noch in den linken Zeitschriften «konkret», «Kürbiskern» und «Deutsche Volkszeitung» veröffentlichen konnte.[256] Mit dem Gedicht hatte er auch bewiesen, daß durch die politische Stellungnahme in literarischer Form – auch wenn es sich bei *artikel 3 (3)* nur um *schwach rhythmisierte Prosa*[257] handelt – eine weiterreichende Aufmerksamkeit erzielt werden kann als mit Pamphleten und Aufrufen: *Wenn ich irgendeinen auch noch so feurigen politischen Artikel geschrieben hätte, hätte die Sache nicht diese Wirkung erreicht. Während die sprachliche Form hier eine ganz harte Zustimmung oder Ablehnung provoziert.*[258] Allerdings erlaubt das Beispiel von *artikel 3 (3)* keine Verallgemeinerung; bei der Wirkung des Gedichts spielte sicherlich der Bekanntheitsgrad des Autors eine entscheidende Rolle.

Das Gedicht hatte noch etwas anderes sehr deutlich gemacht: angesichts der Demokratie- und friedensgefährdenden Entwicklungen, *vulgär* «Rechtsdrall», feingeistig «Tendenzwende»[259] genannt, war Andersch entschlossen, nicht zu resignieren, sondern Widerstand zu leisten mit allen Mitteln, die ihm als Schriftsteller zur Verfügung standen. Im März 1976 sagte er in einem Interview: *Das ist ... was mich am stärksten bekümmert oder deprimiert, es ist nicht die Stärke der Rechten, sondern die Resignation der Linken, diese Gespräche, die immer mit dem Satz enden, es ist nichts zu machen.*[260] In seinen politischen Gedichten und Artikeln aus dieser Zeit appellierte er immer wieder an den Willen zur Gegenwehr. In einer Stellungnahme zur Neutronenbombe rief er auf zu *einer allgemeinen europäischen Widerstandsbewegung gegen die politische Diktatur der gefährlichsten Menschengruppe der Welt, das amerikanische Großkapital*[261]. Ob es um die Freilassung politischer Häftlinge, um die Arbeitslosigkeit oder um die Unterstützung des «Stoppt-Strauß-Komitees» ging – Andersch war nicht bereit aufzugeben: *Das System befindet sich noch nicht in jenem Zustand der Auflösung, in dem Korrekturen unmenschlicher Zustände ganz und gar ausgeschlossen sind. Die dreißig Jahre der zweiten deutschen Republik sind ja ein geschichtlicher Prozeß, und noch ist er nicht abgeschlossen. Noch leben wir nicht in dem Staat der Strauß und Dregger.*[262] Gegen Ende seines Lebens, als der Zeitgeist auf Verinnerlichung eingestellt war, hatte er zu einer kämpferischen radikal-demokratischen Haltung zurückgefunden.

Das Vermächtnis

Am 10. Januar 1974, wenige Tage vor seinem 60. Geburtstag, schreibt Andersch an Arno Schmidt: *Ich habe eine Theorie: das ausgesprochen Widrige sind die fünfziger –, besonders die späten fünfziger Jahre. Eine ganz und gar unerfreuliche Zeit, Jugend schon gar nicht mehr, auch die strotzenden Mitteljahre sind vorbei, dennoch nicht Alter, keine Zäsur, die Abstand schafft, zwischen einem selbst und den Jahren vorher. So daß mich nun – es mag Selbstbetrug sein – das Wort Sechzig ergreift wie ein Epochen-Gefühl. Man hat einiges hinter sich. Jetzt beginnt etwas Neues. Eine neue Erfahrung. Ob sie lang dauert oder schnell vorbeigeht – sie wird neu sein.*[263]

Der optimistische Grundton dieses Briefs klingt echt. Andersch stand gerade vor dem Abschluß seines *neuen opusculums im pointillistischen Stil à la «Providence»*[264] – gemeint war *Winterspelt* –, seines umfangreichsten Werks, an dem er gearbeitet hatte *wie ein Ochse*[265]. Die Auseinandersetzung mit der deutschen Vergangenheit hatte ihm neue politische Perspektiven, eine neue Erfahrung verschafft, die unerfreuliche Zwischenzeit der Desillusionierung und des Rückzugs hielt er für überwunden.

Der Beginn des siebten Lebensjahrzehnts verlief aber anders, als es der zuversichtliche Brief erwarten ließ. Ende Januar 1974 erkrankte er an Gürtelrose. Die Schmerzen wurden so unerträglich, daß er nicht mehr arbeiten konnte. Für mehr als ein Vierteljahr war er nahezu bewegungsunfähig. Bedingt durch die Virus-Infektion, die die Gürtelrose verursacht hatte, verschlimmerte sich auch seine Diabetes, an der er, wie schon sein Vater, zeitlebens gelitten hatte. In der Universitätsklinik Basel versuchte man, durch Insulinbehandlung und mit Hilfe eines strengen Diätplans die Zuckerkrankheit wieder auf ein ungefährliches Maß zu reduzieren. Anderschs Gesundheitszustand schien sich daraufhin zu stabilisieren. Doch der Erfolg der Behandlung war nicht von Dauer. Im Oktober 1977 wurde er, nach einer anstrengenden Lesetournee durch die Bundesrepublik, erneut in die Klinik eingeliefert. Die Diagnose lautete auf chronische Niereninsuffizienz. Andersch war sich des gesundheitlichen Risikos, dem er allein schon wegen seiner Diabetes ausgesetzt war, immer bewußt gewesen. Er hatte auch, obwohl er sich deswegen nicht schonte, die Gefahr der

117

Mit Federico Fellini in Zürich, 1979

ständigen Arbeitsüberlastung niemals unterschätzt. In einem Brief an Arno Schmidt heißt es: *Meine persönliche Auffassung ist die, daß Schriftstellerei – ohne alle Ironie – ein lebensgefährlicher Beruf ist.*[266]

Es gibt zahlreiche Anzeichen dafür, daß Andersch nach seiner schweren Erkrankung vom Frühjahr 1974 in dem Gefühl lebte, ihm werde nicht mehr viel Zeit bleiben. Bereits unmittelbar nach seiner Genesung begann er, eine literarische Bilanz seines Lebens zu ziehen: er nahm, was er bisher immer abgelehnt hatte, den Plan in Angriff, eine Autobiographie zu schreiben. Der erste Teil davon erschien 1977 unter dem Titel *Der Seesack*. Dann wurde die Arbeit wegen der erneuten Erkrankung für zweieinhalb Jahre unterbrochen. Noch in der Klinik setzte er im Dezember 1978 die autobiographischen Aufzeichnungen fort.

Wie eine abschließende Erklärung zu seinem Werk erscheinen die 1977 veröffentlichten poetologischen Überlegungen *Aus der grauen Kladde*, in denen er noch einmal die Maximen und Prinzipien seiner literarischen Praxis darlegte: *Man kann bei mir Texte bestellen. Ich habe schon alle möglichen Arbeiten verrichtet, aber Schreiben ist mein Métier. Zum Beispiel habe ich, zusammen mit zwanzig anderen Männern, eine Straßenwalze in einem Konzentrationslager gezogen. Damit ich mein Métier ausüben kann, schreibe ich Texte, von denen ich mir einbilde, sie verhinderten, daß ich eines Tages wieder eine Straßenwalze in einem KZ ziehen muß.*[267] War dies bereits seine Hinterlassenschaft an zukünftige Interpreten, eine Vorsichtsmaßnahme gegen mögliche postume Miß- und Umdeutungen seiner Absichten?

Auch der Gedichtband *empört euch der himmel ist blau* mit den gesammelten Gedichten und Nachdichtungen aus 30 Jahren, der zur gleichen Zeit erschien wie die selbstinterpretatorischen Überlegungen *Aus der grauen Kladde*, enthält eine abschließende Bilanz seines Schaffens. Helmut Heißenbüttel bezeichnete den Band als «ein quasi vorgezogenes Testament»[268], ihm erschien er wie ein «Nachlaß», von dem Andersch sich noch «bei Lebzeiten getrennt»[269] hat. Durch die Reihenfolge der Gedichte, die chronologisch nach dem Datum ihrer Entstehung angeordnet sind, vollzieht der Gedichtband gleichsam – wenn auch nur ausschnitthaft – Anderschs literarischen Weg nach, schlägt eine Brücke von der Zeit der Kriegsgefangenschaft bis zur Phase der neuen politischen Parteinahme in den siebziger Jahren. Der Gedichtband enthält, in poetischer Pointierung, die Summe seiner ästhetischen Anschauung: die spannungsreiche

Aus einer Postkarte von Andersch an seinen Bruder Martin, 1979

Liebe Gisela, lieber Martin,   3.7.79
Gisela ist gestern erfolgreich operiert worden. Lange + komplizierte OP, das ganze Gelenk mußte erneuert werden. Aber heute liegt sie schon wieder hellwach im Bett. Nun müssen wir, mit Geduld, den Juli in Bern verbringen. Herzlich, Fred.

Dialektik zwischen künstlerischer Autonomie und Parteilichkeit, zwischen ästhetischer Selbstbestimmung und Engagement. Das Gedicht *Andererseits* schließt mit der Zeile, die dem Band den Titel gab:

> *zwar schreibe ich jetzt nicht mehr*
> *nur noch*
> *für mich*
>
> *andererseits schreibe ich nur   was*
> *mir*
> *spaß*
> *macht*
>
> *ausgeschlossen*
> *sagen viele   moral und*
> *vergnügen*
> *schließen sich aus*
>
> *ich aber schreib's in*
> *eine zeile*
> *empört euch der himmel ist blau*[270]

Bilanz zieht auch der 1978 zusammengestellte Band *Mein Lesebuch oder Lehrbuch der Beschreibungen*. Darin resümiert Andersch die für ihn entscheidenden Lektüreerfahrungen und vollzieht eine Sichtung der Literatur, mit der er gelebt und *die mich stärker als jede andere konstituiert hat*[271]. Von Carl von Linné über Friedrich Engels und Walter Benjamin bis zu Ernst Jünger und Alexander Kluge reicht die Reihe der Autoren, die für ihn beispielgebend waren.

Nicht mehr veröffentlicht hat Andersch folgendes Gedicht:

> *1749–1832*
>
> *Ordnung ist*
> *wo du beide Zahlen*
> *nebeneinander siehst:*
> *Geburts- und Todesdatum*
> *Wer nur das eine besitzt*
> *ist noch nicht fertig*
>
> *Und hieran*
> *kranken die meisten*
> *lebenden Künstler:*
> *sie sind noch nicht tot.*[272]

Dieses Gedicht mit der Überschrift von Goethes Lebensdaten wurde im Nachlaß gefunden. Es entstand vermutlich im Kantonsspital Basel, wohin Andersch sich Goethes «Campagne in Frankreich» als Lektüre

In Paris vor dem Denkmal von Denis Diderot, 1978

mitgenommen hatte. *Weil meine Nieren ihren Dienst versagten, begann ich, an einer nicht aufhörenden Blutvergiftung zu leiden. Auch diese Krankheit ist schmerzlos, aber sie versetzte mich sogleich in Zustände der Ermattung. Ich blickte von einem Buch auf, starrte halbe Stunden lang in das schattentiefe, fast schwarze Grün eines Baumes. Leere.*[273]

Seit Herbst 1977 war Andersch auf eine künstliche Niere angewiesen.

Der Bruder Martin Andersch

Im April 1978 schreibt er an Arno Schmidt: *Es war die scheußlichste Zeit meines Lebens – ich würde lieber nochmals in's KZ gehen, als die Anfangsmonate einer Hämodialyse-Behandlung nocheinmal durchstehen. – Jetzt ist aber ein Silberstreif am Horizont aufgetaucht – die zürcher Medizin-Fürsten haben mir eine Nieren-Transplantation vorgeschlagen.*[274] Am 13. August wird die Transplantation – ein hohes medizinisches Wagnis bei einem vierundsechzigjährigen Patienten – durchgeführt. Zunächst sieht es danach aus, als habe die Operation den gewünschten Erfolg gebracht. Andersch entwickelt sofort neue Pläne. Er will seine autobiographischen Aufzeichnungen zu Ende führen – vorgesehen sind fünf Kapitel[275] –, in Stichworten entwirft er die Themen für zukünftige Erzählungen und Novellen: die erste Italien-Reise, der Weggang vom Rundfunk, die Berufsverbote in der Bundesrepublik. Und auch sehr Persönliches: über seine Mutter, die ihm *zweimal das Leben geschenkt*[276] hat und die 1976, im Alter von 92 Jahren, gestorben ist. Keiner dieser Entwürfe wurde noch in Angriff genommen.

Zu seinem 65. Geburtstag wird ihm hohe öffentliche Anerkennung zuteil. Die Stadt Zürich – Andersch ist seit 1972 Schweizer Staatsbürger – veranstaltet zu seinen und seiner Frau Ehren eine Feier in der Repräsentiervilla Muraltengut. Es kommen mehr als hundert Gäste, Freunde und

Bekannte des Ehepaars Andersch, darunter Elias Canetti, Max Bill, Martin Walser, Manuel Gasser und Adolf Muschg. Max Frisch zeichnet in seiner Laudatio den Lebensweg des Freundes nach. Zum Jubiläumsanlaß gibt der Diogenes Verlag eine fünfzehnbändige Studienausgabe der Werke von Andersch heraus, darunter erstmals ein Band mit neuen Hörspielen; in Frankfurt erscheint zur gleichen Zeit ein Reprint der Zeitschrift *Texte und Zeichen*.

Die lebensbedrohende Krankheit hat Andersch gezeichnet. Er ist schmal und hager geworden, in seinem Gesicht hat die Krankheit deutliche Spuren hinterlassen. Wolfgang Koeppen berichtet über seine letzte Begegnung mit Andersch: «Es war in Zürich, da fand, von der Stadtverwaltung veranstaltet, eine Feier für Robert Walser statt. Und in einem großen Saal waren auf einer Bühne eine Reihe von Schriftstellern versammelt, unter anderem Andersch und auch ich, die jeder nach einer kurzen Begründung einen Text von Walser lesen sollten. Ich hatte

Der Bruder Rudolf Andersch

Andersch eine längere Zeit nicht gesehen und war sehr erschüttert, wie gezeichnet sein Gesicht von der Krankheit war. Es war in seinem Gesicht – ich muß es sagen – sein Tod zu lesen. Und er wußte das. Und wie er dann über Walser sprach und den Walser-Text las, war er wieder das, was er immer war, was er auch tat: ein sehr genauer, ein sehr sich dieser öffentlichen Verantwortung, was er auch tat, bewußter Schriftsteller.»[277]

Alfred Andersch wußte, daß die Operation nur einen Aufschub erbracht hatte. Er ordnete seinen Nachlaß und übergab ihn im Sommer 1979 dem Deutschen Literatur-Archiv in Marbach. In einem Brief schreibt er: *Aber ich bin natürlich nur noch die Ruine eines Schriftstellers, zwar eine wohl gut restaurierte, doch muß ich mich bescheiden, darf nur noch an meinem Schreibtisch sitzen und kleine Spaziergänge machen.*[278] Er hatte sich auf den Tod vorbereitet; eine Aufgabe wollte er noch zu Ende bringen.

Im Mai 1979 hatte er mit der Arbeit an einer neuen Franz-Kien-Geschichte begonnen, die ein Vermächtnis werden und die einschlagen sollte wie eine *politische Bombe*[279]: die Schulgeschichte *Der Vater eines Mörders*. Von allen Franz-Kien-Geschichten ist es diejenige, die am weitesten in die Vergangenheit zurückgreift: sie spielt an einem Frühlingstag des Jahres 1928, als Andersch wegen schlechter Leistungen das Wittelsbacher Gymnasium verlassen mußte. Die Erzählung handelt von einer einzigen Schulstunde, einer Griechisch-Stunde, in der Oberstudiendirektor Himmler überraschend die Untertertia B inspiziert. Für Franz Kien, den faulen und gelangweilten Schüler, wird diese Stunde zu einem Alptraum. Der autokratisch auftretende Oberstudiendirektor benützt seine Macht, Kien aus der Schule «hinauszuprüfen». Hinter der Maske des feingeistigen, klassisch-humanistisch gebildeten Schulmannes, der Sokrates im Munde führt und auf seine politische Vorurteilslosigkeit pocht, verbirgt sich, wie im Verlauf der Schulstunde immer deutlicher wird, in Wahrheit ein autoritätsbesessener, gefühlloser Pedant, dem es Genugtuung bereitet, Schüler und Lehrer in Angst und Schrecken versetzen zu können. Es ging Andersch nicht darum, «wahrheitsgetreu» eine Schulstunde zu dokumentieren, die sich vor mehr als 50 Jahren ereignet hatte. Entscheidend ist, was den Schulmann Gebhard Himmler mit dem Massenmörder Heinrich Himmler verbindet, ob und wo ein Zusammenhang besteht zwischen der humanistischen Bildungsattitüde des Vaters und der entmenschten Grausamkeit des Sohnes, dem *größten Vernichter menschlichen Lebens, den es je gegeben hat*[280]. Im Nachwort stellt Andersch diese Frage mit aller Deutlichkeit: *War es dem alten Himmler vorbestimmt, der Vater des jungen zu werden? Mußte aus einem solchen Vater mit «Naturnotwendigkeit», d. h. nach sehr verständlichen psychologischen Regeln, nach den Gesetzen des Kampfes zwischen aufeinander folgenden Generationen und den paradoxen Folgen der*

Anderschs Haus in Berzona (links). Im Hintergrund das Haus von Max Frisch

Familien-Tradition, ein solcher Sohn hervorgehen? Waren Beide, Vater und Sohn, die Produkte eines Milieus und einer politischen Lage, oder, gerade entgegengesetzt, die Opfer von Schicksal, welches bekanntlich unabwendbar ist – die bei uns Deutschen beliebteste aller Vorstellungen? Ich gestehe, daß ich auf solche Fragen keine Antwort weiß.[281] Weiter heißt es: *Angemerkt sei nur noch, wie des Nachdenkens würdig es doch ist, daß Heinrich Himmler, – und dafür liefert meine Erinnerung den Beweis –, nicht, wie der Mensch, dessen Hypnose er erlag, im Lumpenproletariat aufgewachsen ist, sondern in einer Familie aus altem, humanistisch fein gebildetem Bürgertum. Schützt Humanismus denn vor gar nichts? Die Frage ist geeignet, einen in Verzweiflung zu stürzen.*[282]

Für Anfang November 1979 ist Andersch zu einer Lesung nach München eingeladen. Er sagt ab, um seine Erzählung beenden zu können. Es fehlt noch das *Nachwort für den Leser*. Die Diabetes verschlimmert sich rapide, es kommt zu einer fortschreitenden Netzhautablösung. Bei normalem Tageslicht ist er nahezu blind, er kann nur noch in verdunkelten Räumen arbeiten. Mit letzter Anstrengung schreibt er in den ersten Februartagen das Manuskript zu Ende. Er widmet es Arno Schmidt, der im Juni 1979 gestorben war.

Am 20. Februar 1980, in der Nacht von Mittwoch auf Donnerstag, stirbt Alfred Andersch in seinem Haus in Berzona. Als Todesursache wird Nierenversagen diagnostiziert.

In einem Gedicht zu seinem 60. Geburtstag hatte er geschrieben:

achtzig jahre alt werden
und dann aufbrechen
um auf einem schneefeld
unter dem allalinhorn einzuschlafen
wäre der schönste tod

stattdessen krepiert man
irgendwo
an irgendwas

na   man kann schießlich nicht
alles haben

und geschenkt kriegt man
nichts

das allalinhorn schon gar nicht[283]

Anmerkungen

Die Verweise bei Andersch-Zitaten beziehen sich, soweit möglich, auf die bei Diogenes erschienene fünfzehnbändige Studienausgabe (Zürich 1979). Buchtitel von Andersch werden mit Siglen abgekürzt. Die den Siglen zugehörigen Buchtitel sind aus der Bibliographie (Punkte 2a und b) zu ersehen. In Zeitschriften, Zeitungen u. ä. erschienene Texte von Andersch werden mit Titel, Erscheinungsjahr und Seitenzahl angegeben.

1 EZ 30
2 *Papier, das sich rot färbt.* 1979, S. 6
3 In: BK 92
4 KF 9
5 In: LH 86
6 KF 11
7 Interview mit dem Fernsehen der deutschen und rätoromanischen Schweiz (DRS) am 20.1.1980, Manuskr. S. 4
8 KF 40
9 Interview DRS (Anm. 7), 2
10 Interview DRS (Anm. 7), 7
11 KF 15
12 KF 15
13 KF 18
14 Vgl. F. Hitzer: Der Mord im Hofbräuhaus. Frankfurt/M. 1981, S. 520f
15 KF 11
16 KF 11
17 Diese Szene schilderte der Bruder von A. Andersch, Professor Martin Andersch, in einem Interview mit dem Verf. im November 1985
18 Nach Prof. Martin Andersch (Anm. 17)
19 KF 11–12
20 KF 12
21 O. Gritschneder: Anderschens Märchen. In: Süddeutsche Zeitung, 9./10.8.1980, S. 107
22 Interview DRS (Anm. 7), 6
23 «empört euch der himmel ist blau». Aussagen und Selbstaussagen des Schriftstellers Alfred Andersch, zusammengetragen und montiert von Manfred Franke. Sendung des Deutschlandfunks v. 8.2.1984, Manuskr. S. 9
24 KF 19
25 KF 20
26 KF 20
27 KF 32
28 KF 23
29 KF 16
30 KF 18
31 KF 18–19
32 Sendung DLF (Anm. 23), 10
33 KF 25
34 KF 25
35 KF 27
36 KF 26–27
37 KF 36–37
38 KF 41
39 Sendung DLF (Anm. 23), 17a
40 KF 43
41 KF 40
42 KF 41
43 Bayerisches Hauptstaatsarchiv: Einlieferungsbuch IV, 1933 (Polizeidirektion M, Nr. 8566)
44 KF 40
45 KF 43
46 KF 43–44
47 KF 43
48 KF 45
49 KF 45
50 KF 46
51 KF 46

52 *Der Seesack*. 1977, S. 126–127
53 KF 47
54 KF 33–34
55 EW 7–11 u. Wehdeking: A. A.,
   S. 161–165
56 Interv. m. M. Andersch
   (Anm. 17)
57 Zit. nach Wehdeking: A. A., S. 10
58 Sendung DLF (Anm. 23), 20
59 *Böse Träume*. 1981, S. 68
60 KF 49
61 Zitiert nach AAL 123
62 In: BK 36
63 Sendung DLF (Anm. 23), 20–21
64 Interview DRS (Anm. 7), 16
65 EW 37
66 A. Andersch im Gespräch mit
   Paul Assal und Klaus Figge. Sendung des Südwestfunks v. 4. 2.
   1979, MAZ
67 EW 20
68 KF 81
69 KF 73
70 KF 73–74
71 KF 71
72 *Der Seesack*. 1977, S. 117
73 Ebd.
74 In: ÜA 237
75 In: BK 27
76 In: EH 16
77 «The real thing». 1948, S. 5
78 EW 46
79 W. Kolbenhoff: Schellingstraße
   48. Frankfurt/M. 1984, S. 12
80 Vgl. EW 228
81 Kolbenhoff (Anm. 79), 12
82 Ebd., S. 13
83 Wehdeking datiert die Entstehung
   von *Flucht in Etrurien* auf 1947/48
84 In: EG 174
85 In: EG 179
86 In: FE 197
87 *Die neuen Dichter Amerikas*.
   1945, S. 5
88 *Getty oder . . .* 1947, S. 1089
89 Ebd., S. 1090
90 Ebd., S. 1091
91 Ebd., S. 1095
92 Ebd., S. 1094
93 *Der Seesack*. 1977, S. 117
94 Ebd., S. 128
95 Ebd., S. 130
96 Ebd., S. 131
97 *Das junge Europa formt sein Gesicht*. 1946, S. 1
98 *Jahrhundert der Furcht?* 1947, S. 1
99 *Die Existenz und die objektiven
   Werte*. 1947
100 S. Anm. 97
101 W. Heist: Das deutsche Volk und
    die Demokratie. In: *Der Ruf*,
    1. 4. 1947
102 *Die sozialistische Situation*. 1947,
    S. 5
103 Vgl. J. Vaillant: *Der Ruf*. Mün-
    chen/New York/Paris 1978,
    S. 123–138
104 Zit. nach: Der Ruf. Eine deutsche
    Nachkriegszeitschrift. Hg. v. H.
    Schwab-Felisch. München 1962,
    S. 296
105 In: AAL 112
106 In: AAL 124–125
107 In: AAL 129
108 In: AAL 125
109 In: AAL 130
110 In: AAL 132
111 In: AAL 132
112 In: AAL 132
113 In: AAL 132
114 In: AAL 133
115 In: AAL 133
116 Zitiert nach AAL 134
117 Vgl. Wehdeking: A. A., 43 f
118 In: FE 55
119 KF 84
120 KF 84
121 KF 85
122 KF 63
123 J.-P. Sartre: Was ist Literatur?
    Hamburg 1958, S. 151
124 Zitiert nach: Der Spiegel,
    15. 10. 1952, S. 30
125 Ebd., S. 30
126 Ebd., S. 30
127 Vgl. Bibliographie, Punkt 3 c
128 Abendzeitung. München,
    22. 12. 1952
129 *Ein intellektuelles Ghetto*. 1973,
    S. VIII
130 W. Koeppen in: Süddeutsche Zei-
    tung, 4./5. 2. 1984, S. 11
131 S. Anm. 129
132 EW 57
133 Zit. nach E. Schütz: Alfred An-
    dersch. München 1980, S. 92
134 In: 25 Jahre Nachkriegsrundfunk.
    Hg. v. Deutschlandfunk. H. 12,
    1970, S. 23
135 GL 6

136 B. Brecht: Gesammelte Werke, Bd. 18. Frankfurt/M. 1967, S. 156
137 Vgl. BK 61–81
138 *Der Redakteur.* 1969, S. 159
139 S. Anm. 129
140 Ebd.
141 Ebd.
142 *Sorgen eines Herausgebers oder: Was mir an der Studio-Frankfurt-Reihe nicht gefällt.* Ms., ca. 1952. Deutsches Literatur-Archiv, Marbach
143 Vgl. U. Naumann: Ein Stück der Versöhnung. In: Exilforschung. Bd. 4. Hg. v. Th. Koebner u. a. München 1986, S. 98–114, hier S. 99–101
144 Zitiert nach: Naumann (Anm. 143), S. 100
145 BS 15
146 BS 20
147 Zit. nach Marbacher Magazin, Nr. 17, 1980, S. 44
148 Ebd., S. 46
149 Ebd., S. 54
150 In: BK 41
151 BK 50
152 BK 40
153 BK 50
154 Vgl. M. Horkheimer/Th. W. Adorno: Dialektik der Aufklärung. Frankfurt/M. 1971, S. 108f
155 BK 49
156 Ebd.
157 BS 124
158 Gisela Andersch im Interview mit Manfred Franke, Herbst 1983, Manuskr. S. 10
159 BS 109
160 BS 15
161 H. Heißenbüttel im Interview mit Manfred Franke, Herbst 1983, MAZ
162 BS 179
163 BS 184
164 EW 119
165 BS 203
166 *Der Rauch von Budapest.* In: BK, 1. Auflage 1965, Frankfurt/M., S. 17
167 In: HÖ 83
168 In: HÖ 82
169 In: HÖ 83–84
170 In: HÖ 86
171 In: HÖ 84
172 In: HÖ 75
173 In: SK 29
174 In: SK 26
175 Vgl. KF 126
176 SG 37–38
177 SG 22
178 Barlachs Figur entstand 1930
179 SG 40
180 SG 40
181 SG 40
182 SG 51
183 SG 12 u. 42
184 SG 140
185 J.-P. Sartre: Was ist Literatur? Hamburg 1958, S. 171
186 SG 134
187 In: Die andere Zeitung, Hamburg, 27.10.1957
188 In: BK 39
189 EW 127
190 Anton Böhm in: Rheinischer Merkur, 9.9.1960
191 Ebd.
192 DR, Neue Fassung, 58
193 In: H. Bienek: Werkstattgespräche mit Schriftstellern. München 1969, S. 150–151
194 DR, Neue Fassung, 106
195 HB 10
196 M. Reich-Ranicki in: Deutsche Literatur in Ost und West. München 1963, S. 101
197 Heißenbüttel in einem Interview mit Manfred Franke
198 *Was hat sich für mich 1968 verändert?* In: Süddeutsche Zeitung, 1.1.1969
199 In: BK 16
200 *Exkurs über die Schriftsteller und den Staat.* 1966, S. 178
201 *Erklärung.* In: Frankfurter Allgemeine Zeitung, 15.10.1965
202 S. Anm. 200, S. 180
203 In: SK 88
204 In: SK 88
205 In: Kursbuch Nr. 15, S. 195
206 In: SK 60
207 In: SK 60
208 In: BK 105–107
209 In: BK 134
210 In: ÖB 162
211 In: BK 137
212 In: BK 137–138
213 In: BK 138
214 In: SK 54

215 In: BK 134
216 So der Dortmunder Oberbürger-
meister Dietrich Keuning bei der
Preisverleihung am 28.1.1968
217 In: ÜA 237
218 Interview DRS (Anm. 7), 35
219 In: Die Zeit. Hamburg,
9.11.1979, S. 59
220 *Lesen in Nordamerika.* Ms.,
Deutsches Literatur-Archiv, Marbach
221 In: VP 237
222 In: VP 239
223 In: VP 260
224 In: VM 129
225 In: Konkret, Nr. 5, 1980, S. 38−39
226 *Der Seesack.* 1977, S. 125
227 WS 99−100
228 In: ÖB 69
229 *Der Seesack.* 1977, S. 125
230 Ebd.
231 WS 22
232 WS 39
233 WS 63
234 WS 204
235 WS 22
236 In: Zeitschrift des Aachener Ge-
schichtsvereins. 73. Bd., Jg. 1961,
S. 61
237 Ebd., S. 79
238 WS 288
239 In: ÜA 228
240 In: ÖB 172
241 *Der Seesack.* 1977, S. 126
242 In: ÖB 49
243 In: ÖB 55
244 In: Pardon, Heft 10, 1975
245 Ms. im Deutschen Literatur-
Archiv, Marbach
246 Ebd.
247 ÖB 211−212
248 *Papier, das sich rot färbt.* 1979, S. 6
249 Nach K. Wagenbach u. a. (Hg.):
Vaterland, Muttersprache. Berlin
1979, S. 287−288
250 In: EH 109−110
251 In: EH 114
252 Vgl. Tintenfaß. Zürich, 12. Jg.
1976, S. 272
253 In: Frankfurter Allgemeine Zeitung, 29.1.1979
254 In: Frankfurter Allgemeine Zeitung, 9.2.1979
255 Ebd.
256 In: L'Humanité, 31.3.1979
257 EH 235
258 In: ÜA 252
259 In: ÖB 87
260 In: ÜA 254
261 *Worauf warten wir noch?* 1977
262 *Meine Himbeeren und Peter Paul
Zahl.* 1979, S. 25
263 BS 232
264 BS 232
265 BS 232
266 BS 211
267 In: ÖB 118
268 In: Text + Kritik, H. 61/62, 1979,
S. 108
269 In: ÜA 266
270 EH 108
271 ML 9
272 Nach D. McLaughlin, in: Kürbiskern, H. 4, 1985, S. 111
273 *Böse Träume.* 1981, S. 47
274 BS 238
275 Vgl. Hitzer, in: Kürbiskern, H. 1,
1981, S. 112−113, und Tintenfaß
Nr. 2, 1981, S. 62
276 Nach Hitzer: Kürbiskern, H. 1,
1981, S. 112
277 Sendung DLF (Anm. 23), 44
278 In: ÜA 271
279 Nach Hitzer: Kürbiskern, H. 1,
1981, S. 100
280 VM 134
281 VM 134−135
282 VM 136
283 EH 50

Zeittafel

1914	Alfred Hellmuth Andersch wird am 4. Februar in München geboren. Der Vater, Alfred Andersch senior, geb. 1875, im Ersten Weltkrieg Offizier, entstammt einer nach Ostpreußen ausgewanderten Hugenottenfamilie. Die Mutter, Hedwig Andersch, geb. 1884, ist österreichisch-tschechischer Herkunft. Alfreds Brüder: Rudolf, geb. 1909; Otto Wolfgang Martin, geb. 1921
1920–1928	Volksschule in München-Neuhausen, von 1924 an Wittelsbacher Gymnasium. Direktor ist Gebhard Himmler, der Vater von Heinrich Himmler. Andersch muß wegen schlechter Leistungen das Gymnasium verlassen
etwa 1924	Erste literarische Versuche: Dramen im «Stil» Shakespeares, ein Stück über die hugenottische Abstammung der Familie
1928–1931	Kaufmännische Lehre im Wega-Verlag, München. Andersch beschäftigt sich mit sozialkritischer Literatur und liest die sozialistischen Klassiker
1929	Der Vater stirbt an den Spätfolgen seiner Kriegsverletzungen
1930–1933	Politische Aktivität im Kommunistischen Jugendverband (KJV). Vermutlich Anfang Juni 1931 Reportage über Augsburger Textilarbeiterstreik in der «Neuen Zeitung» (Organ der KPD Südbayern). Januar 1932 bis Herbst 1933 arbeitslos. Von 1932 an Organisationsleiter und Bildungsbeauftragter des KJV Südbayern
1933	Verhaftung am 8. März. Beschlagnahme seiner Bücher. Einlieferung ins KZ Dachau, im Mai Entlassung. Danach Kurierdienste für die illegalisierte Partei. Während dieser Zeit unter Gestapo-Aufsicht. Gelegenheitsarbeiten. Am 9. September erneute Verhaftung. Im Herbst Anstellung in der Lehmann'schen Verlagsbuchhandlung
1934	Erste Italien-Reise. Bekanntschaft mit Angelika Albert. Gewinnt Zugang zu literarischen Zirkeln in München
1935	Heirat mit Angelika Albert
1936	Bekanntschaft mit Dr. Günther Herzfeld-Wüsthoff
1937	Übersiedlung der Familie nach Hamburg. Geburt der Tochter Susanne
1937–1940	Arbeit in der Werbeabteilung der Leonar-Werke in Hamburg. Schriftstellerische Versuche: kurze Prosa-Texte, Gedichte. Bekanntschaft mit der Malerin Gisela Groneuer
1940	Als Bausoldat in die Armee eingezogen. Zunächst am «Westwall», dann als Besatzungssoldat in Frankreich. Geburt des gemeinsamen Sohnes von Gisela Groneuer und Alfred Andersch, Michael

1941	Entlassung aus der Armee wegen seiner KZ-Vergangenheit. Büro-angestellter bei Mouson & Co. in Frankfurt am Main. *Skizze zu einem jungen Mann*
1943	Ehescheidung von Angelika Albert. Ausbombung der Wohnung der Mutter in Hamburg am 27./28. Juli, wobei Anderschs Briefe und Bücher vernichtet werden. Am 15. September erneute Muste-rung, danach Ausbildung bei den Infanterie-Pionieren in Siegen. Der Suhrkamp Verlag lehnt drei Texte mit dem Titel *Erinnerte Ge-stalten* (*Skizze zu einem jungen Mann, Der Techniker, Sechzehnjäh-riger allein*) ab, äußert sich aber anerkennend
1944	Am 3. April als Obergrenadier nach Dänemark abgestellt, im Mai Verlegung nach Oberitalien. Am 25. April Veröffentlichung von *Erste Ausfahrt* (*Sechzehnjähriger allein*) in der «Kölnischen Zei-tung». Am 6. Juni Desertion zu den Amerikanern. Im August Überfahrt mit einem «Liberty»-Schiff in die USA. Von Oktober an Kriegsgefangener in Camp Ruston, Louisiana. *Amerikaner – Erster Eindruck*. Vermutlich Vorstudien zu *Die Kirschen der Freiheit*
1945	Anfang April Verlegung nach Fort Kearney, Rhode Island. Dort Mitarbeit am US-«Ruf» vom 15. April bis 15. August. Verschiedene literaturkritische Artikel. Am 1. Mai Veröffentlichung der Kurzge-schichte *Münchner Frühlingshut* unter dem Pseudonym Fritz Ach-leitner, am 15. Juni Veröffentlichung der Kurzgeschichte *Fräulein Christine* unter dem Pseudonym Anton Windisch. 15. September–15. November Verwaltungslehrgang in Fort Getty, Rhode Island. Überfahrt von Boston nach Le Havre. In Darmstadt Entlassung aus der Gefangenschaft. Geburt von Martin, dem zweiten gemeinsamen Sohn von Gisela Groneuer und Alfred Andersch
1946	Assistent von Erich Kästner bei der «Neuen Zeitung» in München. Am 15. August Gründung des Münchner *Ruf*
1946–1947	Zusammen mit Hans Werner Richter Herausgeber des *Ruf*. Nach sechzehn Nummern, am 2. April 1947, Entlassung durch die ameri-kanische Militärregierung in Bayern wegen politischer Divergenzen
1947	Von August an Mitarbeiter der Zeitschrift «Frankfurter Hefte». Umzug nach Frankfurt am Main. Teilnahme an den ersten Tagun-gen der «Gruppe 47»
1948–1950	Gründer und Leiter des «Abendstudio» im Sender Frankfurt, einem der ersten Beispiele von Sendungen in der Art des «3. Pro-gramms» in der Bundesrepublik
1949	*Die Treue*, Kurzgeschichte. Herausgeber von *Europäische Avant-garde*
1950	Heirat von Gisela Groneuer und Alfred Andersch. Geburt der ge-meinsamen Tochter Annette
1951	*Im Speisewagen*, Erzählung. *Das starke Dreieck*, Rundfunk-Feature
1951–1953	Leiter der gemeinsamen Feature-Redaktion der Sender Hamburg und Frankfurt. Herausgeber der Buchreihe *studio frankfurt*, in der u. a. Werke von Ingeborg Bachmann, Heinrich Böll, Wolfgang Hil-

desheimer, Arno Schmidt, Ernst Schnabel und Wolfgang Weyrauch erscheinen

1952	*Die Kirschen der Freiheit* erscheint nach Ablehnung durch Rowohlt in Eugen Kogons Frankfurter Verlagsanstalt
1955	Beginn der Niederschrift des Romans *Sansibar oder der letzte Grund*
1955–1957	Herausgeber der literarischen Zeitschrift *Texte und Zeichen*, von der sechzehn Hefte erscheinen
1955–1958	Gründer und Leiter der Redaktion «radio-essay» des Senders Stuttgart; Assistent wird Hans Magnus Enzensberger; Nachfolger, zunächst als Assistent, dann als Leiter: Helmut Heißenbüttel. Regieassistent ist Martin Walser
1957	*Sansibar oder der letzte Grund* und *Piazza San Gaetano. Neapolitanische Suite* erscheinen. Beginn der Niederschrift des Romans *Die Rote*
1958	Aufgabe aller öffentlichen Ämter. Übersiedlung als freier Schriftsteller in die Schweiz, ins Tessiner Bergdorf Berzona. Nachbarn werden Max Frisch und Golo Mann. Deutscher Kritikerpreis für *Sansibar oder der letzte Grund*. Die Geschichtensammlung *Geister und Leute* erscheint
1960	*Die Rote* erscheint. *Der Tod des James Dean*, Funkmontage
1961	*Paris ist eine ernste Stadt* erscheint
1962	*Die Rote* wird von Helmut Käutner verfilmt. Der Reisebericht *Wanderungen im Norden* erscheint, mit Fotos von Gisela Andersch
1962–1963	Aufenthalt in Rom (zehn Monate)
1963	Die Geschichtensammlung *Ein Liebhaber des Halbschattens* erscheint. Beginn der Niederschrift des Romans *Efraim*
1964	Drei Monate Aufenthalt in West-Berlin
1965	Leitung einer Film-Expedition des Deutschen Fernsehens nach Spitzbergen und in die Arktis. Die erste Hörspielsammlung erscheint unter dem Titel *Fahrerflucht*. Die erste Essaysammlung erscheint unter dem Titel *Die Blindheit des Kunstwerks*
1966	Die Reiseessays *Aus einem römischen Winter* erscheinen. Schwere Erkrankung
1967	*Efraim* erscheint nach Ablehnung durch den S. Fischer Verlag bei Diogenes. Nelly-Sachs-Preis (Kulturpreis der Stadt Dortmund) für das Gesamtwerk
1968	Prix Charles Veillon für *Efraim*
1969	Der Reisebericht *Hohe Breitengrade oder Nachrichten von der Grenze* erscheint, mit Fotos von Gisela Andersch. Die *Franz-Kien-Skizze Der Redakteur* erscheint
1970	Die Erzählung *Tochter* erscheint. Auf Einladung des Goethe-Instituts Vortragsreise durch Nordamerika
1971	Die Geschichtensammlung *Mein Verschwinden in Providence* erscheint. Beginn der Arbeit am Roman *Winterspelt*
1972	Reise nach Mexiko. *Die Rote* erscheint in neuer Fassung. Der Band *Norden Süden rechts und links* mit Reiseberichten und Essays erscheint. Verleihung der Schweizer Staatsbürgerschaft

1974	*Winterspelt* erscheint. Schwere Erkrankung (Gürtelrose)
1975	Reisen nach Spanien, Portugal und in die Sowjet-Union. Literaturpreis der Bayerischen Akademie der Schönen Künste
1976	Das Gedicht *artikel 3 (3)* über die Berufsverbote löst eine bundesweite Diskussion aus. Die *Franz-Kien*-Geschichte *Lin aus den Baracken* erscheint in der Literaturzeitschrift «Kürbiskern».
1977	Tod der Mutter
	Öffentlicher Brief an einen sowjetischen Schriftsteller, das Überholte betreffend und andere Aufsätze und Reportagen erscheinen. *Einige Zeichnungen*, Graphische Thesen am Beispiel der Malerin Gisela Andersch, erscheinen. Die gesammelten Gedichte und Nachdichtungen erscheinen unter dem Titel *empört euch der himmel ist blau*. (Leicht veränderte) Taschenbuchfassung von *Winterspelt*. Unter dem Titel *Der Seesack* erscheinen autobiographische Aufzeichnungen.
	Schwere Erkrankung (chronische Niereninsuffizienz), Dialyse-Behandlung
1978	*Winterspelt* wird von Eberhard Fechner verfilmt. Am 13. August Nierentransplantation. Andersch gibt *Mein Lesebuch oder Lehrbuch der Beschreibungen* heraus
1979	Zum 65. Geburtstag von Alfred Andersch erscheint eine Studienausgabe seiner Werke in fünfzehn Bänden, darunter erstmals ein Band mit neuen Hörspielen.
	Fortsetzung der Niederschrift autobiographischer Aufzeichnungen (1981 unter dem Titel *Böse Träume* erschienen). Beginn der Niederschrift von *Der Vater eines Mörders*. Andauer der Krankheit. Übergabe des Nachlasses an das Deutsche Literaturarchiv in Marbach
1980	Alfred Andersch stirbt in der Nacht vom 20. auf den 21. Februar an Nierenversagen.
	Im Herbst erscheint die Arno Schmidt gewidmete, kurz vor dem Tod vollendete Erzählung *Der Vater eines Mörders*
1981	Der Band *Flucht in Etrurien* mit zwei Erzählungen und einem Bericht aus dem Nachlaß erscheint.
	Tod des Sohnes Michael. Tod des Bruders Rudolf
1985	Der Briefwechsel zwischen Alfred Andersch und Arno Schmidt wird im Haffmans-Verlag herausgegeben. Unter dem Titel ...*einmal wirklich leben* erscheinen im Diogenes-Verlag die Briefe von Andersch an seine Mutter. Die Stadt Winterspelt benennt eine Straße nach Alfred Andersch
1986	Der Band *Erinnerte Gestalten* mit drei Erzählungen aus dem Nachlaß erscheint
1987	Tod der Lebensgefährtin von Alfred Andersch, der Malerin Gisela Andersch

Zeugnisse

Thomas Mann
Es sind – für mich – wahre Kostbarkeiten, – Kostbarkeiten der Wahrheit –, in Ihrer Studie... Ach ja, welche Wohltat ist die Stimme des Wissens und loyaler Intelligenz inmitten des quälenden Geschreies der Dummheit!

Brief an Andersch vom 23. März 1955

Arno Schmidt
In Ihrem Leben scheinen mir Individualismus und Modellfall so unnachahmlich vereinigt, daß – hinzukommt noch Ihre ausgedehnte Bekanntschaft mit allen «Geistern» der Epoche – an ihm (und durch es) unser ganzes Zeitalter vorbildlich demonstriert werden könnte.

Brief an Andersch vom 23. Dezember 1956

Jean Améry
Der Schriftsteller Andersch ist, so scheint es mir, ein sehr ruhiger, besonnener, und auf eine überaus verläßlich angenehme Weise fast etwas schwerfälliger Mann. Keine verkörperte literarische Success-Story, kein Hans-Dampf auf allen Fluglinien, kein Pyrotechniker wohlfeiler Konversations-Brillanz. Er ist wohl auch «deutscher» als man sich ihn nach seinen Büchern vorstellt.

Züricher «Tages-Anzeiger» vom 4. November 1967

Max Bense
Die Flucht, an die dieser Autor denkt, wird immer eine Flucht in die Welt, in den Bereich der anderen, in die Gesellschaft, in das Dasein, in das Leben sein.

«Die Realität der Literatur», 1971

Joachim Kaiser
Dieser korrekte, herzlich hilfsbereite Mann setzte sich leidenschaftlich für Personen, Freunde und Schwierige ein, die er als Talente erkannt zu haben glaubt. Man könnte sagen, daß er nach dem Zweiten Weltkrieg jene Rolle spielte, die nach dem Ersten die raschen, instinktsicheren, unternehmungslustigen und gescheiten Juden im literarischen Leben gespielt haben...

«Süddeutsche Zeitung» vom 4. Februar 1974

135

Heinrich Böll
Zweifel habe ich nur, wenn Ernst Jünger von Andersch... ein paar Gran
zuvel auf die linke Waagschale gelegt werden.
«Die Zeit» vom 1. April 1977

Max Frisch
Ich meine: jede Würdigung seines literarischen Werkes, die Alfred An-
dersch als einen Meister deutscher Prosa entpolitisiert, wäre ein Hohn.
Laudatio auf Alfred Andersch am 9. März 1979

Helmut Heißenbüttel
Sein erstes Buch, *Die Kirschen der Freiheit*, könnte heute als das erste,
entschiedene Dokument der Entspannungspolitik bezeichnet werden,
geschrieben in einer Zeit, als die Politiker nur an Aufrüstung dachten.
«Stuttgarter Zeitung» vom 23. Februar 1980

Hans Magnus Enzensberger
Ich verdanke ihm sehr viel, denn er hat mich bekannt gemacht, er hat
mich mit der Kulturindustrie bekannt gemacht. Er hat mir die Tricks, die
Möglichkeiten, die Chancen, die Risiken der Industrie erklärt, und nicht
abstrakt, sondern in der Praxis. *Interview mit dem Deutschlandfunk, 1983*

Walter Kolbenhoff
Wer ihn länger kannte, wußte, daß er einen feinen, etwas sarkastischen
Humor besaß. Andersch war geborener Bayer, liebte es aber sehr, sich
englisch zu geben. Es fiel ihm schwer, zu jemandem Kontakt zu bekom-
men, auf manche wirkte er eher abweisend. *«Schellingstraße 48», 1984*

Wolfgang Koeppen
Er wußte, daß er nicht mehr viel Zeit hatte. Da zog er sich zurück und
schrieb *Winterspelt*, seinen großen Roman aus dem letzten Krieg, in dem
er versuchte, die hohen Ansprüche, die er an sich als Schriftsteller stellte,
zu erfüllen. *Winterspelt* ist ein großer Roman, ein gültiges Werk deutscher
Erzählkunst.
«Süddeutsche Zeitung» vom 4./5. Februar 1984

Hans Werner Richter
Gemeinsam suchten wir nach einer Konzeption des *Rufs*, unserer Zeitschrift. Es gab Meinungsverschiedenheiten. Ich war für eine stärkere Kritik der Besatzungsmacht als er, aber wir einigten uns immer, größere Dif-
ferenzen gab es nie. Er konnte schroff, ablehnend, störrisch sein, es hat
mich nie irritiert.
«Süddeutsche Zeitung» vom 8./9. Februar 1986

Bibliographie

Die nachfolgende Bibliographie muß auf Grund des knappen Raums, der ihr zur Verfügung steht, zwangsläufig unvollständig bleiben. Verzeichnet sind aber alle Werke und Texte von Alfred Andersch, soweit sie bis heute veröffentlicht wurden. Einen ausführlichen Überblick über die Sekundärliteratur bieten die Bibliographien in der Zeitschrift «Text und Kritik», Nr. 61/62 und in dem Band «Über Alfred Andersch», der auch ein Verzeichnis der fremdsprachigen Ausgaben von Andersch-Texten enthält. Allerdings muß bei diesen beiden Bibliographien vor zahlreichen Ungenauigkeiten gewarnt werden.

Postum erschienene Texte von Andersch werden mit (+) gekennzeichnet. Den Buchpublikationen werden die in den Anmerkungen verwendeten Siglen beigefügt.

1. Bibliographien

Fries, Ulrich und Peters, Günter: Auswahlbibliographie zu Alfred Andersch. In: Alfred Andersch. Text und Kritik 61/62, 1979, S. 110–123

Bibliographie der Werke. Bibliographie der Kritik. In: Über Alfred Andersch. Hg. v. Gerd Haffmans. Zürich 1980, S. 296–339

Auswahlbibliographie. In: Volker Wehdeking, Alfred Andersch. Stuttgart 1983, S. 152–157

Williams, Rhys: Alfred Andersch. In: Kritisches Lexikon zur deutschsprachigen Gegenwartsliteratur. Hg. v. Heinz L. Arnold. München 1978f (16. Nachlieferung, 1984), S. A-H

Bibliographie der Werke. In: Alfred Andersch: «...einmal wirklich leben». Ein Tagebuch in Briefen an Hedwig Andersch. Hg. v. Winfried Stephan. Zürich 1986, S. 236–252

2. Werke

a) Erstausgaben

Deutsche Literatur in der Entscheidung. Ein Beitrag zur Analyse der literarischen Situation. Karlsruhe 1948 [DL]

Die Kirschen der Freiheit. Ein Bericht. Frankfurt/M. 1952

Piazza San Gaetano. Neapolitanische Suite. Mit Zeichnungen von Gisela Andersch. Olten/Freiburg 1957

Sansibar oder der letzte Grund. Roman. Olten/Freiburg 1957

Fahrerflucht. Hörspiel. Hamburg 1958

Geister und Leute. Zehn Geschichten. Olten/Freiburg 1958

Der Tod des James Dean. Funkmontage. St. Gallen 1960
Die Rote. Roman. Olten/Freiburg 1960
Paris ist eine ernste Stadt. Olten/Freiburg 1961
Wanderungen im Norden. Reisebericht. Olten/Freiburg 1962
Ein Liebhaber des Halbschattens. Drei Erzählungen. Olten/Freiburg 1963
Die Blindheit des Kunstwerks. Literarische Essays und Aufsätze. Frankfurt/M.
  1965
Fahrerflucht. Vier Hörspiele. München 1965
Bericht – Roman – Erzählungen. Olten/Freiburg 1965
Aus einem römischen Winter. Reisebilder. Olten/Freiburg 1966
Efraim. Roman. Zürich 1967
Hohe Breitengrade oder Nachrichten von der Grenze. Zürich 1969 [Taschen-
  buchausgabe Zürich 1984] [HB]
Tochter. Erzählung. Zürich 1970
Mein Verschwinden in Providence. Neun Erzählungen. Zürich 1971
Gesammelte Erzählungen. Zürich 1971
Wie trivial ist der Trivialroman? Zürich 1971 [Einmaliger, illustrierter Sonderdruck
  aus dem Essayband *Norden Süden rechts und links* für die Freunde des Dioge-
  nes-Verlages]
Norden Süden rechts und links. Von Reisen und Büchern 1951–1971. Zürich 1972
Ein neuer Scheiterhaufen für alte Ketzer. Kritiken und Rezensionen. Zürich 1972
Winterspelt. Auszüge, Dokumente & Materialien. Zürich 1974 [Einmaliger, un-
  verkäuflicher Sonderdruck für Presse und Buchhandel]
Winterspelt. Roman. Zürich 1974
Einige Zeichnungen. Graphische Thesen am Beispiel der Malerin Gisela An-
  dersch. Mit einem Nachwort von Wieland Schmied. Zürich 1977 [EZ]
empört euch der himmel ist blau. Gedichte und Nachdichtungen 1946–1976. Zü-
  rich 1977 [EH]
Öffentlicher Brief an einen sowjetischen Schriftsteller, das Überholte betreffend.
  Reportagen und Aufsätze. Zürich 1977 [ÖB]
Weltreise auf deutsche Art. Erzählung. Zürich 1977 [Diogenes-mini-Bibliothek
  der Weltliteratur]
Ein Briefwechsel: Alfred Andersch und Konstantin Simonow. Berlin (DDR) 1978
Mein Lesebuch oder Lehrbuch der Beschreibungen. Frankfurt/M. 1978 [ML]
Neue Hörspiele. Zürich 1979 [NH]
Das Alfred Andersch Lesebuch. Hg. v. GERD HAFFMANS. Zürich 1979 [AAL]
Aus einem römischen Winter und andere Aufsätze. Berlin (DDR) 1979
Der Vater eines Mörders. Eine Schulgeschichte. Mit einem Nachwort für Leser.
  Zürich 1980 (+) [Taschenbuchausgabe Zürich 1982] [VM]
Flucht in Etrurien. Zwei Erzählungen und ein Bericht. Zürich 1981 (+) [Taschen-
  buchausgabe Zürich 1983] [FE]
Es gibt kein fremdes Leid. Briefe und Essays zu Krieg und Frieden von Alfred
  Andersch und Konstantin Simonow. Hg. v. FRIEDRICH HITZER. Schwifting 1981
Sämtliche Erzählungen. Zürich 1983
Arno Schmidt: Briefwechsel mit Alfred Andersch. Hg. v. BERND RAUSCHENBACH.
  Zürich 1985 (+) [BS]
«...einmal wirklich leben». Ein Tagebuch in Briefen an Hedwig Andersch.
  1943–1975. Hg. v. WINFRIED STEPHAN. Zürich 1986 (+) [EW]
Erinnerte Gestalten. Frühe Erzählungen. Zürich 1986 (+) [EG]

b) Alfred Andersch-Studienausgabe

Die Kirschen der Freiheit. Ein Bericht. Zürich 1968 [KF]
Sansibar oder der letzte Grund. Roman. Zürich 1970 [SG]
Hörspiele. Zürich 1973 [HÖ]

Geister und Leute. Zehn Geschichten. Zürich 1974 [GL]
Die Rote. Roman [Neue Fassung] Zürich 1974 [DR]
Ein Liebhaber des Halbschattens. Drei Erzählungen. Zürich 1974 [LH]
Efraim. Roman. Zürich 1976 [EF]
Winterspelt. Roman. [Leicht veränderte Taschenbuchausgabe] Zürich 1977 [WI]
Öffentlicher Brief an einen sowjetischen Schriftsteller, das Überholte betreffend.
    Reportagen und Aufsätze. Zürich 1977 [ÖB]
Mein Verschwinden in Providence. Neun Erzählungen. Zürich 1979 [VP]
Aus einem römischen Winter. Reisebilder. Zürich 1979 [RW]
Die Blindheit des Kunstwerks. Literarische Essays und Aufsätze. [Veränderte
    Neuausgabe] Zürich 1979 [BK]
Ein neuer Scheiterhaufen für alte Ketzer. Kritiken und Rezensionen. Zürich 1979
    [SK]
Neue Hörspiele. Zürich 1979 [NH]
Über Alfred Andersch. Essays, Aufsätze, Briefe, Gespräche. Zürich 1974 [Erwei-
    terte Neuausgabe Zürich 1980]: [ÜA]

c) Beiträge in Zeitschriften, Zeitungen und Anthologien [Erfaßt sind nur Bei-
    träge, die später n i c h t in Buchform erschienen sind]

ca) Gedichte
Zeilen schinden für die Gruppe. In: Sprache im technischen Zeitalter. Stuttgart.
    Nr. 5, 1966, S. 294–297
Gedichte aus dem Nachlaß. In: Tintenfaß 2. Zürich 1981, S. 71–78 (+)
Aufruf für Grün. In: Tintenfaß 7. Zürich 1983, S. 206–210 (+)
Ansprache an eine femme fatale. In: Der Rabe 4. Zürich 1983, S. 136 (+)
1789–1832. In: Donal McLaughlin «Zum Nachleben von Alfred Andersch».
    Kürbiskern 4. 1985, S. 111 (+)

cb) Erzählende Prosa
[Pseud. Fritz Achleitner] Münchner Frühlingshut. In: Der Ruf. May 1, 1945
[Pseud. Anton Windisch] Fräulein Christine. In: Der Ruf. June 15, 1945
Intimität. In: Der Skorpion [Nullnummer]. August/September 1947, S. 29 [Unter
    dem Titel *Die Treue* in: Tausend Gramm. Sammlung neuer deutscher Geschich-
    ten. Hg. v. Wolfgang Weyrauch. Hamburg 1949, S. 37–40]
Im Speisewagen. Erzählung. In: Die Welt. Hamburg, 22. 9. 1951 [Leicht verändert
    u. d. T. *Blickwechsel im Speisewagen* in: Süddeutsche Zeitung. München,
    18. 10. 1951]
Aus dem Leben eines Schizophrenen. In: DU. Zürich, 24. Jg. 1964, H. 6
Der Redakteur, 1952. Ein Bruch-Stück. In: Merkur. Stuttgart, 23. Jg. 1969,
    S. 159–160
Ein mieser Typ. In: Die Weltwoche. Zürich, Nr. 9, März 1971
Achtmal zehn Sätze. In: Süddeutsche Zeitung. München, 12./13. 5. 1973
Der Seesack. Aus einer Autobiographie. In: Literaturmagazin 7. Hg. v. Nicolas
    Born und Jürgen Manthey. Reinbek 1977, S. 116–133
Philosophisches Märchen. In: Tintenfisch 17. Berlin 1979, S. 38–39
Böse Träume. In: Tintenfaß 2. Zürich 1981, S. 43–69 (+)
Der Terrassen-Morgen oder Variationen über eine zerbrochene Schallplatte. In:
    Die Horen. H. 125, 1982, S. 127–130 (+)

cc) Essays, Aufsätze, Reiseberichte
[Mit Initialen A. A.] Die Mäusemutter. In: Der Ruf. April 15, 1945
Abschied von Rom. In: Der Ruf. May 15, 1945
Die neuen Dichter Amerikas. In: Der Ruf. June 15, 1945

Ein Mahner. In: Der Ruf. June 15, 1945
[Pseud. Thomas Gradinger] Tagebuchblatt aus der Eifel. In: Der Ruf. July 1, 1945
[Anon.] Deutscher Geist/In der Sicht Thomas Manns. In: Der Ruf. July 15, 1945
Deutsche Jugend wohin? In: Der Ruf. July 15, 1945
[Mit Initialen F. A.] Black Boy. In: Der Ruf. July 15, 1945
[Pseud. Thomas Gradinger] Pueblos und Puritaner. In: Der Ruf. August 1, 1945
[Mit Initialen F. A.] Zeitungen lesen... In: Der Ruf. August 15, 1945
[Anon.] Unsere Mädchen. In: Der Ruf. August 15, 1945
[Mit Initialen F. A.] Amerikanische Profile: Robert Frost. In: Der Ruf. August 15, 1945
Das junge Europa formt sein Gesicht. In: Der Ruf. H. 1, 15. 8. 1946
Notwendige Aussage zum Nürnberger Prozeß. In: Der Ruf. H. 1, 15. 8. 1946
Jahre in Zügen. Ein Bericht. In: Der Ruf. H. 2, 1. 9. 1946
Jean Anouilhs Antigone. Ein Drama der Jugend. In: Der Ruf. H. 2, 1. 9. 1946
Fabian wird positiv. In: Der Ruf. H. 3, 15. 9. 1946
Der grüne Tisch. In: Der Ruf. H. 3, 15. 9. 1946
Die Leidenschaft der Unterscheidung. In: Der Ruf. H. 4, 1. 10. 1946
Die zwei Gesichter des Charles Bidault. In: Der Ruf. H. 5, 15. 10. 1946
Die Kriegsgefangenen – Licht und Schatten. In: Der Ruf. H. 5, 15. 10. 1946
Die Zonen und der Weltfriede. In: Der Ruf. H. 6, 1. 11. 1946
Eine Konferenz des jungen Europa. In: Der Ruf. H. 6, 1. 11. 1946
Chaplin und die Geistesfreiheit. In: Der Ruf. H. 7, 15. 11. 1946
Grundlagen einer deutschen Opposition. In: Der Ruf. H. 8, 1. 12. 1946
Die Zukunft der deutschen Hochschulen. Ein Vorschlag. In: Der Ruf. H. 10, 1. 1. 1947
Der richtige Nährboden für die Demokratie. Bericht von einer Reise in den deutschen Westen. In: Der Ruf. H. 11, 15. 1. 1947
Aktion oder Passivität? In: Der Ruf. H. 12, 1. 2. 1947
Diskussion um die Hochschulen. In: Der Ruf. H. 12, 1. 2. 1947
Scheinwerfer auf einen Seiltänzer. In: Der Ruf. H. 13, 15. 2. 1947
Spontaneität als Notwendigkeit. In: Der Ruf. H. 14, 1. 3. 1947
Eiskalte Kunst. In: Der Ruf. H. 14, 1. 3. 1947
[Pseud. Gerd Klaass] Das patriotische Trinkwasser. In: Der Ruf. H. 14, 1. 3. 1947
Die sozialistische Situation. Versuch einer synthetischen Kritik. In: Der Ruf. H. 15, 15. 3. 1947
Der Snobismus der Armseligen. In: Der Ruf. H. 15, 15. 3. 1947
Jahrhundert der Furcht? In: Der Ruf. H. 16, 1. 4. 1947
Wintersende in einer frierenden Stadt. In: Der Ruf. H. 16, 1. 4. 1947
Unvorhergesehene Folgen. In: Der Ruf. H. 16, 1. 4. 1947
[Pseud. Gerd Klaass] Wie spricht der Hund. In: Der Ruf. H. 21, 15. 6. 1947
Das Unbehagen in der Politik. In: Frankfurter Hefte II, 1947, S. 912–925
Albrecht Dürer in Buenos Aires? In: Frankfurter Hefte II, 1947, S. 743–745
Eine amerikanische Erzählung. Nachbemerkung zum Aufsatz «Eine amerikanische Erzählung». In: Frankfurter Hefte II, 1947, S. 940–941 und 976
Hans Wallenberg. In: Frankfurter Hefte II, 1947, S. 1058–1059
Getty oder die Umerziehung in der Retorte. In: Frankfurter Hefte II, 1947, S. 1089–1096
Der Trick der Taschenspieler. In: Frankfurter Hefte II, 1947, S. 1269
Hans Habes Bumerang. In: Frankfurter Hefte II, 1947, S. 1278
Die Existenz und die objektiven Werte. In: Die Neue Zeitung. München, 15. 8. 1947
Ein wirklich hochgebildeter Kritiker. In: Der Skorpion [Nullnummer]. München, August/September 1947, S. 53–54
Das Gras und der alte Mann. In: Frankfurter Hefte III, 1948, S. 927–929
Der Anti-Symbolist. In: Frankfurter Hefte III, 1948, S. 1145

Nihilismus oder Moralität? In: Horizont. Halbmonatsschrift für junge Menschen. 3. Jg. Berlin 1948, H. 13

«The real thing». In: Horizont. Halbmonatsschrift für junge Menschen. 3. Jg. Berlin 1948, H. 18

Freundschaftlicher Streit mit einem Dichter. In: Frankfurter Hefte IV, 1949, S. 150–154

Parallele der Abweichungen. In: Frankfurter Hefte IV, 1949, S. 445

Die Kunst der Kinder. In: Frankfurter Hefte IV, 1949, S. 892–893

Mutige Pläne. In: Frankfurter Hefte IV, 1949, S. 1081–1082

Metaphorisches Logbuch. In: Frankfurter Hefte V, 1950, S. 205–211

Die Stunde Gottfried Benns. Die Gedichte. In: Frankfurter Hefte V, 1950, S. 553–554

Sehr Verborgenes. In: Frankfurter Hefte V, 1950, S. 1001–1002

Jugend am Schmelzpunkt einer Kultur. In: Aussprache, eine europäische Zeitschrift. Bad Salzig. 3. Jg. 1951, S. 7–13

Marxisten in der Igelstellung. In: Frankfurter Hefte VI, 1951, S. 208–210

Luise Rinser vorübergehend wichtig. In: Frankfurter Hefte VI, 1951, S. 349

Skandal der deutschen Reklame. In: Gebrauchsgraphik. München. 22. Jg. 1951, H. 4

Ein Pappkarton wird geöffnet. In: Hier und Heute. Wochenschrift, Frankfurt/M. 1951, H. 5

Das schwärzeste Stück von Jean Anouilh. Die bestrafte Liebe. In: Hier und Heute. Wochenschrift, Frankfurt/M. 1951, H. 8

Die Spaliere der Banalität. In: Die Literatur. München, 1. 10. 1952

Aus wessen Hand? In: Frankfurter Hefte VII, 1952, S. 147–148

Zwischen den Dämonen-Steinen. In: Frankfurter Hefte VII, 1952, S. 200–202

Cut away. In: Frankfurter Hefte VII, 1952, S. 362–363

Die Kunst ist kein Schulzimmer. In: Frankfurter Hefte VII, 1952, S. 375–377

Gedichte in strömendem Wasser. In: Frankfurter Hefte VII, 1952, S. 553–554

Am Äquator des Nihilismus? In: Frankfurter Hefte VII, 1952, S. 976–978

Versuch über das Feature. In: Rundfunk und Fernsehen. Hamburg 1953

Zum Tode Rainer M. Gerhardts. In: Frankfurter Allgemeine Zeitung, 15. 9. 1954

Kann man ein Symbol zerhauen? In: Texte und Zeichen I, 1955, S. 378–384

Der Regenpfeifer. In: Texte und Zeichen I, 1955, S. 407–408

Wenn es Nacht wird in Paris. In: Texte und Zeichen II, 1956, S. 205

Antwort auf eine Provokation. In: Texte und Zeichen II, 1956, S. 318–320

Schwedische Souvenirs. In: augenblick. zeitschrift für tendenz und experiment. 3. Jg. 1958, H. 4, S. 34–38

Franz Schonauer und der literarische Instinkt. In: augenblick. zeitschrift für tendenz und experiment. 3. Jg. 1958, H. 5, S. 63–64

Die moderne Literatur und die Arbeitswelt. In: Frankfurter Allgemeine Zeitung, 24. 7. 1959

... und von den Radieschen. In: Der Spiegel. 1959, Nr. 38, S. 77

Nichts könnte mich abhalten ... In: Gibt es heute noch christliche Dichtung? Hg. v. HEINZ LINNERZ. Recklinghausen 1960

Der unliterarische Olymp. In: Frankfurter Allgemeine Zeitung, 1. 9. 1960

Tibet, Weihnachten 1950. In: Frankfurter Allgemeine Zeitung, 21. 12. 1960

Gewissenserforschung eines Hochstaplers. In: Merkur. Stuttgart. 14. Jg. 1960, S. 284–286

Süße, gekaufte Größe. Zu Fellinis «La dolce vita». In: Merkur. Stuttgart. 14. Jg. 1960, S. 696–700

Hypothese über die Nouvelle Vague. In: Merkur. Stuttgart. 14. Jg. 1960, S. 1103–1106

Heißer sardischer Golf. In: Süddeutsche Zeitung, 6. 7. 1960

Räuberprovinz. In: Süddeutsche Zeitung, 27. 8. 1960

Anläßlich einer Theaterpause in Berlin. In: Theater – Wahrheit und Wirklichkeit.

Freundesgabe zum 60. Geburtstag von Kurt Hirschfeld am 10.3.1962. Zürich 1962, S. 104–107

Postkarten aud Delft und Trondheim. In: Merkur. Stuttgart. 16. Jg. 1962, S. 153–166

Die Arbeitswelt als Versäumnis der modernen Literatur. In: Berichte und Informationen des Österreichischen Forschungsinstitutes für Wirtschaft und Politik. Salzburg. 18. Jg. 1963, H. 882, S. 13–14

Kontakt-Mann. In: Frankfurter Hefte XVIII, 1963, S. 681–682

Für ein Fernsehen der Autoren. In: Merkur. Stuttgart. 17. Jg. 1963, S. 508–512

Kulturbrief aus Rom. In: Konkret. H. 5, Mai 1963

Auflösungen. In: DU. Zürich. 24. Jg. 1964, H. 4

Vor einem halben Jahrhundert. In: DU. Zürich. 24. Jg. 1964, H. 8

Begrüßung der Olympischen Spiele durch die Literatur. In: DU. Zürich. 24. Jg. 1964, H. 9

Die Flammen und die Polis. In: Neue deutsche Hefte. H. 105, 1965, S. 83–89

Exkurs über den bürgerlichen Ungehorsam. In: Süddeutsche Zeitung, 13.2.1965

Erklärung. In: Frankfurter Allgemeine Zeitung, 15.10.1965

Verspäteter Epitaph auf Walter Muschg. In: Merkur. Stuttgart. 20. Jg. 1966, S. 290–291

Exkurs über die Schriftsteller und den Staat. In: Vom Geist der Zeit. Hg. v. ADOLF FRISÉ. Gütersloh 1966, S. 177–181 [U. d. T.: *Notiz über die Schriftsteller und den Staat* auch in: Merkur. Stuttgart. 20. Jg. 1966, S. 398–400]

Poetologisches aus dem Südkanton. In: Weltwoche. Zürich, 3.6.1966

Meiers Leute. In: Weltwoche. Zürich, 15.7.1966

On the Short List. In: Times Literary Supplement. London, 12.9.1968

Was hat sich für mich 1968 verändert? In: Süddeutsche Zeitung, 1.1.1969

Giorgio Bassani oder vom Sinn des Erzählens. [Rede zur Verleihung des Nelly-Sachs-Preises der Stadt Dortmund am 28. Januar 1968] (Veränderte Fassung von: *Auf den Spuren der Finzi-Contini*)

Ehe wir gähnen: In: Frankfurter Allgemeine Zeitung, 27.12.1969

Plädoyer für den Trivialroman. In: Welt und Wort. 27. Jg. 1972, H. 2, S. 60–61

Was der Autor vom Fernsehen verlangt. In: Dortmunder-Nord-West/Amts-Zeitung, 3.5.1972

Über das Wohnen von Künstlern heute. In: Merkur. Stuttgart. 27. Jg. 1973, S. 108–110

Mexiko. In: Stern. Hamburg. H. 24, Juni 1973, S. 34–52

Vorbehalte gegenüber dem Fernsehen. In: Weltwoche. Zürich, 12.9.1973

Horror vor dem Medium. In: Deutsche Zeitung, 21.9.1973

Ein intellektuelles Ghetto. Erinnerungen am 25. Jahrestag seiner Gründung. In: Frankfurter Rundschau, 1.12.1973

Ich repräsentiere nichts. [Rede bei der Überreichung des Literaturpreises der Bayerischen Akademie der Schönen Künste in München] Süddeutsche Zeitung, 12./13.7.1975

Bücher schreiben und Filme machen – zwei Berufe in einem Boot. In: Frankfurter Rundschau, 7.5.1977

Seine Bilder liefern das Bild des Volkes. In: Tages-Anzeiger. Zürich, 24.6.1977 [U. d. T.: *Zeugen ihrer Zeit* in: Süddeutsche Zeitung, 16./17.7.1977]

Worauf warten wir noch? In: Deutsche Volkszeitung, 21.7.1977

Räte, Kommissionen und «Förderungs»-Anstalten ersticken das Kino. In: Konkret. H. 8, August 1977

Wegwerf-Literatur. In: literatur konkret. Hamburg. 1. Jg. 1977, H. 1, S. 37–38

Vorlesen. In: Neue Zürcher Zeitung, 8./9.10.1977

Der gute Mensch von Köln. In: Basler Magazin, 17.12.1977

Mein Verhältnis zum Fernsehen. Wie kann der Bildschirm die Autoren-Phantasie stärker befeuern? In: Oberhessische Presse, 18.2.1978

Meine Himbeeren und Peter Paul Zahl. In: Text + Kritik. H. 61/62, Januar 1979, S. 23–26
Papier, das sich rot färbt. In: Kürbiskern. Literatur, Kritik, Klassenkampf. 1979, H. 2, S. 6.
Ich stimme vollständig zu. In: Die Zeit, 9. 11. 1979

d) Hörspiele und Features

[Erfaßt sind nur Hörspiele und Features, die später nicht in Buchform erschienen sind und auch nicht in literarische, zeitkritische oder essayistische Texte umgearbeitet oder in solche eingefügt wurden]

«Gruppe 47». Fazit eines Experiments neuer Schriftsteller. Erstsendung Radio Frankfurt/M. (Hessischer Rundfunk), 27. 7. 1949
Traum als Programm. Ein Querschnitt durch Heil und Unheil des Surrealismus. Erstsendung Hessischer Rundfunk, August 1950
Biologie und Tennis. Erstsendung Hessischer Rundfunk, 23. 10. 1950
Normandie, 6. Juni 1944. Erstsendung Hessischer Rundfunk, 6. 6. 1950
Das starke Dreieck. Szenen aus einem Roman des Schuman-Plans. Erstsendung Hessischer Rundfunk, 10. 9. /12. 9. /14. 9. 1951
Menschen im Niemandsland. Erstsendung Nordwestdeutscher Rundfunk, 1952
Strahlende Melancholie. Erstsendung Hessischer Rundfunk, 6. 3. 1953
Gegen den Dezembersturm. Erstsendung Nordwestdeutscher Rundfunk, 1953
Der Außenseiter im Mittelpunkt. Erstsendung Hessischer Rundfunk, 1953
Wind und englisches Eichenholz. Erstsendung Nordwestdeutscher Rundfunk, 1954
Die Bürde des weißen Mannes. Erstsendung Nordwestdeutscher Rundfunk, 1954
Die Feuerinsel oder die Heimkehr des Kapitäns Tizzoni. Erstsendung Nordwestdeutscher Rundfunk, 1954
Das Wunder an der Marne. Erstsendung Hessischer Rundfunk, 20. 9. 1955
Aufbruch zum Absoluten. Süddeutscher Rundfunk, 23. 12. 1955
Von Ratten und Evangelisten. Erstsendung Südwestfunk, 1956
Von Bretons Gewissen zu Dalís Camembert. Süddeutscher Rundfunk, 1958
Paris, die Hauptstadt des 19. Jahrhunderts. Texte von Charles Baudelaire und Walter Benjamin, ausgewählt und eingeleitet von Alfred Andersch. Erstsendung Süddeutscher Rundfunk, 9. 9. 1960
Simson fällt durch die Jahrtausende. Dramatisches Gedicht von Nelly Sachs. Rundfunkbearbeitung von Alfred Andersch. Erstsendung Süddeutscher Rundfunk, 23. 9. 1960
Die Armen Christi. Eine religionsgeschichtliche Erinnerung. Erstsendung Süddeutscher Rundfunk, 27. 12. 1960
Kurdjukows Brief und andere Erlebnisse in Budjonnys Reiterarmee, erzählt von Isaak Babel. In Stimmen gesetzt von Alfred Andersch. Erstsendung Süddeutscher Rundfunk, 29. 9. 1961
Kosmatische Gefühle. Erstsendung Hessischer Rundfunk, 13. 10. 1963
Vergebliche Brautschau. Erstsendung Südwestfunk und Radio Bremen, 1963
Der Pfarrer ohne Klavier. Erstsendung Norddeutscher Rundfunk, 1965
Bedlam oder das stille Tollhaus. Erstsendung Südwestfunk, 12. 11. 1969

e) Film, Fernsehen, Bühne, Schallplatte

Biologie und Tennis. Fernsehspiel. Drehbuch von HELMUT KRAPP nach dem gleichnamigen Hörspiel von Alfred Andersch. Hessischer Rundfunk Frankfurt/M. 1958
Sansibar. Fernsehfilm des Süddeutschen Rundfunks Stuttgart. Drehbuch von LEOPOLD AHLSEN nach dem gleichnamigen Roman von Alfred Andersch. 1961

Die Rote. Film nach dem gleichnamigen Roman von Alfred Andersch. Drehbuch von HELMUT KÄUTNER und ALFRED ANDERSCH. 1962

Intolleranza. Oper von LUIGI NONO. Handlung in zwei Teilen nach einer Idee von Angelo Maria Ripellino. Deutsche Übersetzung und Einrichtung von Alfred Andersch. 1962

Der Tod des James Dean. Szenische Aufführung an Studiobühnen in Tübingen, Freiburg, West-Berlin, Wien.

Der Tod des James Dean. Schallplatte. Philips twen serie B 47 172 L

Haakons Hosentaschen. Ein Film von ALFRED ANDERSCH und MARTIN BOSBOOM. ARD 1966

Die Entwaffnung. Fernsehspiel von ALFRED ANDERSCH. Bayerischer Rundfunk München 1969

Die Brandung von Hossegor. Drehbuch von ALFRED ANDERSCH [nicht realisiert]

Winterspelt. Film von EBERHARD FECHNER nach dem gleichnamigen Roman von Alfred Andersch. 1978 (Sender Freies Berlin 1980)

Der Vater eines Mörders. Fernsehspiel nach dem letzten Buch von Alfred Andersch. Regie KARL-HEINZ CASPARI. Zweites Deutsches Fernsehen. 1985

Sansibar oder der letzte Grund. Nach dem gleichnamigen Roman von Alfred Andersch neu verfilmt von BERNHARD WICKI. 1985/86

f) Tätigkeit als Herausgeber / Übersetzungen, Vor- und Nachworte

Der Ruf. Unabhängige Blätter der jungen Generation. Herausgegeben von ALFRED ANDERSCH und HANS WERNER RICHTER. Nr. 1–16. München 1946–1947

JOSEPH WECHSBERG: Ein Musikant spinnt sein Garn. Übersetzt von Alfred Andersch. Karlsruhe 1949

Europäische Avantgarde. Herausgegeben von ALFRED ANDERSCH. Frankfurt/M. 1949

THOMAS MANN: Politische Dokumente 1930–1950. Ausgewählt und eingeleitet von ALFRED ANDERSCH [gedruckt in 2 Exemplaren, Frankfurt/M. 1950]

Studio Frankfurt. Buchreihe, herausgegeben von ALFRED ANDERSCH. Frankfurt/ M. 1952–1953

Texte und Zeichen. Eine literarische Zeitschrift, herausgegeben von ALFRED ANDERSCH. Hefte 1–16. Berlin/Neuwied 1955–1957. Reprint Frankfurt/M. 1979

THOMAS MANN: Scritti storici e politici. A cura de Lavinia Mazzucchetti. Introduzione Alfred Andersch. Milano 1957

HANS WERNER HENZE: Undine. Tagebuch eines Balletts. Vorwort von Alfred Andersch. München 1959

ELIO VITTORINI: Offenes Tagebuch. Einleitung von Alfred Andersch. Olten 1959

Die andere Achse. Italienische Resistenza und geistiges Deutschland. Mit einem Nachwort von Alfred Andersch. Hamburg 1964

Claassen Cargo. Eine Buchreihe, herausgegeben von Alfred Andersch. Hamburg 1965–1967

WALTER HEIST: Genet und andere. Über eine faschistische Literatur von Rang. Vorwort von Alfred Andersch. Hamburg 1965

IDRIS PARRY: Tiere aus Stille. Übersetzt von Alfred Andersch. In: Neue Zürcher Zeitung, 18.1.1970

IDRIS PARRY: Cordelia und der Knopf. Übersetzt von Alfred Andersch. In: Neue Zürcher Zeitung, 10.1.1971

PATRICK WARNER / MICHAEL ANDERSCH: Irland – eine Entdeckung. Vorwort von Alfred Andersch. West-Berlin 1973. Frankfurt/Berlin/Wien 1977

g) Interviews (in Auswahl)

BIENEK, HORST: Werkstattgespräche mit Schriftstellern. München 1962, S. 113–124

BERGER, ROLAND: Vertragen sich Film und Literatur? Eine Lanze für den literarischen Film. In: Die allgemeine Sonntagszeitung, 22.4.1962

Des Autors Kummer mit dem Kino. Alfred Andersch über die Verfilmung seines Romans «Die Rote» durch Helmut Käutner. In: Süddeutsche Zeitung, 28./29.7.1962

Der Autor und sein Material. In: Deutsche Zeitung, 15./16.12.1962

OLLIER, CLAUDE: Plädoyer für den Film. In: Cahiers du Cinéma 185, Paris 1966

BRANDT, INGEBORG: Von ihm spricht man. In: Welt am Sonntag. Hamburg, 12.2.1967

GRACK, GÜNTHER: Arbeit an den Fragen der Zeit. In: Der Tagesspiegel. Berlin, 15.3.1967

HARTLAUB, GENO: «Bei Debatten über das Ende des Erzählens passe ich». In: Sonntagsblatt. Hamburg, 20.8.1967

25 Jahre Nachkriegsrundfunk. MANFRED FRANKE im Gespräch mit Alfred Andersch, H.C. Greene, Jürgen Petersen und Peter v. Zahn. Hg. v. Deutschlandfunk. Köln. Heft 12, 1970, S. 20–25

BONILLA, KRISTINA: Die Frage des Engagements. In: Motive. Selbstdarstellungen deutscher Autoren. Tübingen und Basel 1971

VETTER, HANS: «Kirschen der Freiheit». In: Kölner Stadt-Anzeiger, 2.10.1971

ENZENSBERGER, HANS M.: Die Literatur nach dem Tod der Literatur. Ein Gespräch mit Alfred Andersch. Sendung des Norddeutschen Rundfunks Hannover, 1.10.1974 [abgedruckt in: Über Alfred Andersch, S. 200–221]

Portugal, die FAZ und das «Gebelfer eines kleinen Literaten». In: Pardon. Hamburg, H. 10, Oktober 1975

STUMM, REINHARD: Wie politisch ist ein Schriftsteller? Interview am 18.3.1976. Erstveröffentlichung in: Über Alfred Andersch. 2. Auflage 1980, S. 236–265

KERSTEN, PAUL: «Wir leben in der Spätantike». P.K. sprach mit Alfred Andersch über sein Theaterstück «Tapetenwechsel». In: Text + Kritik. München. H. 61/62, Januar 1979, S. 93–95

Alfred Andersch im Gespräch mit PAUL ASSALL und KLAUS FIGGE. Sendung des Südwestfunks Baden-Baden, 4.2.1979

LEBRUN, JEAN-CLAUDE: Pourquoi cet écart entre la R.F.A. et sa littérature? Le pendant allemand de la «nouvelle philosophie»: l'attaque contre l'histoire. In: L'Humanité. Paris, 31.3.1979

Interview mit Alfred Andersch. Fernsehen der deutschen und rätoromanischen Schweiz. Aufgezeichnet am 20.1.1980. Sendung der DRS, 16.4.1981

DAHL, PETER / KREMER, RÜDIGER: «Andersch». In: Konkret. Hamburg, Nr. 5 1980, S. 38–39

Über Leben und Werk von Alfred Andersch. Interview-Reihe von MANFRED FRANKE mit Gisela Andersch, Hans M. Enzensberger, Otto Gritschneder, Heinz Friedrich, Wolfgang Koeppen, Hans W. Richter, Otto Kohlhofer, Artur Müller und Helmut Heißenbüttel. Deutschlandfunk, Köln 1983 [Manuskript]

3. Literatur über Alfred Andersch

a) Allgemeines

AMÉRY, JEAN: Über Alfred Andersch. In: Schweizer Rundschau. Einsiedeln. 66. Jg. 1967, S. 580–583

AMÉRY, JEAN: Der Geist der Erzählung. Alfred Andersch 60. In: St. Galler Tagblatt, 3. 2. 1974

Alfred Andersch. Text + Kritik, hg. v. HEINZ LUDWIG ARNOLD. München. H. 61 / 62, Januar 1979

BENSE, MAX: Alfred Andersch. In: Schriftsteller der Gegenwart. Deutsche Literatur. 53 Portraits. Hg. v. KLAUS NONNENMANN. Olten 1963, S. 18–28

BLOCH, PETER ANDRÉ (Hg.): Der Schriftsteller und sein Verhältnis zur Sprache, dargestellt am Problem der Tempuswahl. Eine Dokumentation zu Sprache und Literatur der Gegenwart. Bern und München 1971

BÜHLMANN, ALFONS: In der Faszination der Freiheit. Eine Untersuchung zur Struktur der Grundthematik im Werk von Alfred Andersch. Berlin 1973

BURGAUNER, CHRISTOPH: Zur Romankunst Alfred Anderschs. In: Alfred Andersch: Bericht. Roman. Erzählungen. Olten 1965, S. 419–455

DEMETZ, PETER: Alfred Andersch oder die Krise des Engagements. Der Essayist. In: Merkur. Stuttgart. 20. Jg. 1966, S. 675–679

DEMETZ, PETER: Die süße Anarchie. Deutsche Literatur seit 1945. Eine kritische Einführung. Berlin 1970, S. 211–219

DREWITZ, INGEBORG: Alfred Andersch oder die Krise des Engagements. Der Erzähler. In: Merkur. Stuttgart. 20. Jg. 1966, S. 669–675

FRANKE, MANFRED: «empört euch der himmel ist blau». Aussagen und Selbstaussagen des Schriftstellers Alfred Andersch, zusammengetragen und montiert von M. F. Erstsendung Deutschlandfunk, 8. 2. 1984

FRIES, ULRICH / PETERS, GÜNTER: Zum Verhältnis von Kunsttheorie und ästhetischer Praxis bei Alfred Andersch. In: Text + Kritik. München. H. 61/62, Januar 1979, S. 27–53

FRISCH, MAX: Laudatio auf Alfred Andersch. In: Süddeutsche Zeitung, 17. / 18. 3. 1979

FUCHS, GERD: Alfred Andersch wird 65. In: Deutsche Volkszeitung, 1. 2. 1979

GARIAN, PAT: Alfred Andersch, Berzona und Efraim. In: Westermanns Monatshefte. Bd. II 1967, S. 51–56

GEULEN, HANS: Alfred Andersch. Probleme der dargestellten Erfahrung des «deutschen Irrtums». In: Gegenwartsliteratur und Drittes Reich. Hg. v. KLAUS WAGNER. Stuttgart 1977, S. 205–221

GUY, DAVID JOHN: Die Problematik des Intellektuellen im Werk von Alfred Andersch. Diss. Zürich 1977

HAFFMANS, GERD (Hg.): Über Alfred Andersch. Zürich 1974. Neuausgabe 1980

HEIDELBERGER-LEONHARD, IRENE: Alfred Andersch. Die ästhetische Position als politisches Gewissen. Frankfurt / M. 1986

HEISSENBÜTTEL, HELMUT: Andererseits schreibe ich nur, was mir Spaß macht. Der Lyriker Alfred Andersch und das politische Gedicht. In: Text + Kritik. München. H. 61/62, Januar 1979, S. 105–109

HEIST, WALTER: Flucht in die Arktis? Versuch über Alfred Andersch. In: Merkur. Stuttgart. 24. Jg. 1970, S. 446–457

KAISER, JOACHIM: Wie es wirklich gewesen ist ... In: Süddeutsche Zeitung, 22. 23. 10. 1990

KESTING, HANJO: Radikalität und konservative Ironie. Überlegungen zum Spätwerk von Alfred Andersch. Norddeutscher Rundfunk Hamburg, 11. 2. 197 [auch in: Die Horen. 25. Jg. 1980, Bd. 1, S. 112–117]

KESTING, HANJO: Die Flucht vor dem Schicksal. Über den Schriftsteller Alfred Andersch. In: Text + Kritik. München. H. 61/62, Januar 1979, S. 3–22

KRÖLL, FRIEDHELM: Die «Gruppe 47». Soziale Lage und gesellschaftliches Bewußtsein literarischer Intelligenz in der Bundesrepublik. Stuttgart 1977

KRÖLL, FRIEDHELM: Gruppe 47. Stuttgart 1979

MAISEL, KIRTI M.: Alfred Andersch – die Mobilisierung des Geistes. In: Rote Blätter. H. 12, Dezember 1977

MCLAUGHLIN, DONAL: Zum Nachleben von Alfred Andersch. In: Kürbiskern. H. 4, 1985, S. 111–114

MICHEL, WILLY: Vom Engagement des Autors zur Rollendistanz des Erzählers: Alfred Andersch. In: Die Rolle des Autors. Analysen und Gespräche. Hg. v. IRMELA SCHNEIDER. Stuttgart 1981

MIGNER, KARL: Alfred Andersch. In: Deutsche Literatur seit 1945 in Einzeldarstellungen. Hg. v. DIETRICH WEBER. Stuttgart 1968

PISCHDOVDIJAN, HRAIR: Menschenbild und Erzähltechnik in Alfred Anderschs Werken. Diss. Zürich 1978

REINHARDT, STEPHAN: Alfred Andersch. Eine Biographie. Zürich 1990

REINHOLD, URSULA: Alfred Andersch. Politisches Engagement und literarische Wirksamkeit. Berlin/DDR 1987

RICHARDI, HANS-GÜNTER: Schule der Gewalt. Die Anfänge des Konzentrationslagers Dachau 1933–1934. München 1983

RICHTER, HANS W.: «Einmal so berühmt sein...» Erinnerungen an Alfred Andersch. In: Süddeutsche Zeitung, 8./9.2.1986

RUSS, C. A. H.: The Work of Alfred Andersch. An Appreciation. In: Modern Languages. Vol. 58, Nr. 3, September 1977, S. 134–142

SCHONAUER, FRANZ: Alfred Andersch. Portrait eines Schriftstellers. In: Neue Deutsche Hefte. 21. Jg. 1974, S. 544–556

SCHÜTZ, ERHARD: Alfred Andersch. München 1980

VAILLANT, JÉRÔME: Der Ruf. Unabhängige Blätter der jungen Generation (1945–1949). Eine Zeitschrift zwischen Illusion und Anpassung. München/New York/Paris 1978

WEBER, WERNER: Über Alfred Andersch. Eine Rede. Zürich 1968

WEHDEKING, VOLKER C.: Der Nullpunkt. Über die Konstituierung der deutschen Nachkriegsliteratur in den amerikanischen Kriegsgefangenenlagern. Stuttgart 1971

WEHDEKING, VOLKER C.: Eine deutsche «Lost Generation»? Die 47er zwischen Kriegsende und Währungsreform. In: Literaturmagazin 7. Hg. v. NICOLAS BORN und JÜRGEN MANTHEY. Reinbek 1977, S. 145–166

WEHDEKING, VOLKER C.: Alfred Andersch. Stuttgart 1983

WEHDEKING, VOLKER C. (Hg.): Zu Alfred Andersch. Stuttgart 1983

WILLIAMS, RHYS: Alfred Andersch. In: Kritisches Lexikon zur deutschsprachigen Gegenwartsliteratur. Hg. v. HEINZ LUDWIG ARNOLD. München 1978f (16. Nachlieferung, 1984)

WITTMANN, LIVIA Z.: Alfred Andersch. Stuttgart 1971

b) Zum Tode von Alfred Andersch

HEISSENBÜTTEL, HELMUT: Meister der langen Wege. In: Stuttgarter Zeitung, 23.2.1980

KAISER, JOACHIM: Sehr neugierig, nüchtern, unnachsichtig. In: Süddeutsche Zeitung, 23./24.2.1980

KESTING, HANJO: Radikalität und konservative Ironie. Überlegungen zum Spätwerk von Alfred Andersch. In: Die Horen. Hannover. 25. Jg. Nr. 117, Frühjahr 1980

MAISEL, KIRTI M.: Man liebt die denkenden Poeten. In: Deutsche Volkszeitung, 28.2.1980

SCHÜTTE, WOLFRAM: Stolz und einsam. In: Frankfurter Rundschau, 23.2.1980

c) Zu *Die Kirschen der Freiheit*

[An.]: Die Spätausreißer melden sich! Es geht um die Ehre der Deserteure. In: Die Deutsche Soldatenzeitung, 27.11.1952
BÖLL, HEINRICH: Trompetenstoß in schwüle Stille. In: Welt der Arbeit. Köln, 28.11.1952
BÖLL, HEINRICH: Wo sind die Deserteure? In: Aufwärts. Köln, 5.2.1953
BRENNER, HANS G.: Die Kirschen der Freiheit. In: Literatur. München, H.15, 15.10.1952
HOLTHUSEN, HANS E.: Reflexionen eines Deserteurs. In: Merkur. Stuttgart. 7.Jg. 1953
NADEAU, MAURICE: Nouveaux romanciers allemands. In: Les lettres nouvelles. April 1954, S.589f
RAGETTLI, GUSTAV: Möglichkeiten autobiographischen Erzählens nach 1945. Typen und Tendenzen. Diss. Basel 1983

d) Zu *Piazza San Gaetano*

BONDY, BARBARA: War es die Fahrkarte nach Italien wert? In: Die Zeit, 19.9.1957
HORST, EBERHARD: Fluchtwege. In: Neue Deutsche Hefte. Nr.45, April 1958

e) Zu *Sansibar oder der letzte Grund*

GEISSLER, ROLF: Möglichkeiten des modernen deutschen Romans. Frankfurt/M. 1962
HAMBURGER, KÄTE: Erzählformen des modernen Romans. In: Der Deutschunterricht. XI, 1959, H.4, S.10–14
HEISSENBÜTTEL, HELMUT: Vom letzten Grund der Politik. In: Frankfurter Hefte XII 1957, S.889–890
MÜLLER, FRED: Alfred Andersch: Sansibar oder der letzte Grund: Interpretation. München 1988
SCHILLER, DIETER: Stundenblätter: Alfred Andersch, «Sansibar». Eine Einführung in den modernen Roman für Klasse 10. Stuttgart 1979
SCHMIDT, ARNO: Das Land, aus dem man flüchtet. In: Die andere Zeitung. Hamburg, 24.10.1957
SOLLMANN, KURT: Alfred Anderschs «Sansibar» im Unterricht. In: Sammlung 4. Jahrbuch für antifaschistische Literatur und Kunst. Hg. v. UWE NAUMANN. Frankfurt/M. 1981, S.156–168
WEBER, ALBRECHT (Hg.): Ein Roman in der Hauptschule: Alfred Andersch, «Sansibar oder der letzte Grund». München 1974
WELZ, DIETER: Ahnungen des Glücks, des Lebens und der Freiheit. Zur strukturellen Lektüre des Sansibar-Romans von Alfred Andersch. In: Acta Germanica. Bd.12, 1980, S.163–184

f) Zu *Geister und Leute*

KOEPPEN, WOLFGANG: Geschichten aus unserer Zeit. In: Süddeutsche Zeitung, 21./22.3.1959

g) Zu *Die Rote*

AMÉRY, JEAN: Der Schriftsteller als Gewissen der Nation. In: St. Galler Tagblatt, 10.9.1961

148

BAUCE, A. F.: ‹Der Tod in Rom› and ‹Die Rote›. Two Italian Episodes. In: Forum for Modern Language Studies III, 1967, S. 126–134

KARASEK, HELLMUTH: Flucht nach Venedig. In: Stuttgarter Zeitung, 2. 11. 1960

KRAMBERG, K. H.: Saure Früchte der Freiheit. In: Süddeutsche Zeitung, 17. / 18. 9. 1960

LATTMANN, DIETER: Ein kommender verdienter Erfolg. In: Die Kultur. München, August 1960

MARC, MAURICE: Une femme de notre temps. In: Les lettres françaises, Mai 1962

NEUMANN, ROBERT: Mein Feind Alfred Andersch. Eine Besprechung des Romans «Die Rote» und einige höchst persönliche Bemerkungen. In: Die Zeit, 28. 10. 1960

REICH-RANICKI, MARCEL: Alfred Andersch, der Kitsch und die Lüge. In: Sonntagsblatt. Hamburg, 19. 3. 1961

h) Zu *Wanderungen im Norden*

GASSER, MANUEL: Reisebeschreibung, episch-lyrisch. In: DU. Zürich, Februar 1963

PIONTEK, HEINZ: Poetische Welterfahrung. In: Süddeutsche Zeitung, Dezember 1962

i) Zu *Ein Liebhaber des Halbschattens*

ENDRES, ELISABETH: Nicht als Flüchtender entfaltet sich der Mensch. Der Schriftsteller Alfred Andersch. In: Deutsche Zeitung und Wirtschaftszeitung. Köln, 17. / 18. 8. 1963

ENZENSBERGER, HANS M. in: Der Spiegel. Hamburg, 3. 7. 1963

KROLOW, KARL: Im Schreiben Klarheit gewinnen. In: Süddeutsche Zeitung, 3. / 4. 8. 1963

SIEBURG, FRIEDRICH: Ein überzeugter Erzähler. In: Frankfurter Allgemeine Zeitung, 10. 8. 1963

j) Zu *Die Blindheit des Kunstwerks*

CONRADY, KARL O.: Damit die Literatur nicht blind bleibt. In: Die Zeit, 14. 1. 1966

k) Zu *Aus einem römischen Winter*

NIZON, PAUL: Visionäres Exposé. In: Zürcher Woche, 14. 10. 1966

ROSS, WERNER: Fernseher und Urgestein. In: Die Zeit, 25. 11. 1966

l) Zu *Efraim*

AMÉRY, JEAN: Efraim – oder die kluge Skepsis. In: Tages-Anzeiger. Zürich, 4. 11. 1967

ENDRES, ELISABETH: Leben und Meinung des Herrn Georg Efraim. In: Zürcher Woche, 22. 12. 1967

MARCUSE, LUDWIG: Efraim. In: Twen. München, Nr. 13, Dezember 1967

NEUMANN, ROBERT: Anderschs Efraim – ein Gaurisankar aus Sandstein. In: Die Zeit, 17. 11. 1967

SCHÜTTE, WOLFRAM: Eine schöne Kunstfigur. In: Frankfurter Rundschau, 24. 1. 1968

WEHRLI, MAX: Laudatio anläßlich der Verleihung des Charles Veillon-Preises an Alfred Andersch. [Ms.] Lausanne 1968

m) *Zu Hohe Breitengrade*

FRANKE, MANFRED im Süddeutschen Rundfunk, 6.2.1970
GASSER, MANUEL in: DU. Zürich, Dezember 1969
HEIST, WALTER: Flucht in die Arktis? In: Merkur, Stuttgart, H. 5, 1970

n) *Zu Tochter*

KARASEK, HELLMUTH: Was man nicht immer kann... In: Die Zeit, 7.8.1970
KROLOW, KARL: Gedämpft erzählt. In: Frankfurter Allgemeine Zeitung, 6.4.1970

o) *Zu Mein Verschwinden in Providence*

HEIST, WALTER / NAGEL, WOLFGANG / WIEGENSTEIN, ROLAND: Kontroverses über Andersch. In: Frankfurter Hefte XXVII 1972, S. 371–375
KORN, KARL: Paß auf, wenn du ausgehst! In: Frankfurter Allgemeine Zeitung, 10.10.1971
ROSS, WERNER: Ein Autor verschwindet in Providence. In: Die Zeit, 12.11.1971
SCHONAUER, FRANZ: «Die Wahrheit ist konkret». In: Kölner Stadt Anzeiger, 3.10.1971

p) *Zu Norden Süden rechts und links*

KROLOW, KARL: Landschaft mit Figuren. Unredigierte Reiseberichte sowie Essays über eine Reihe von Autorenkollegen. In: Nürnberger Nachrichten, 18./19.3.1972
PIONTEK, HEINZ: Landschaft und Literatur. In: Stuttgarter Zeitung, 11.3.1972
PLESSEN, ELISABETH: Geschichte gegen den Strich gebürstet. In: Merkur. Stuttgart. 28. Jg. 1974, Nr. 309, S. 184–188

q) *Zu Winterspelt*

AMÉRY, JEAN: Der Denkspieler und der Krieg. In: Weltwoche. Zürich, 20.11.1974
BEKES, PETER: Wie man sich verweigert. Gedanken zum Verhältnis von Ideologie, Geschichte und Ästhetik in Anderschs «Winterspelt». In: Text + Kritik. München. H. 61/62, Januar 1979, S. 54–62
FUCHS, GERD: Hainstock weist den Weg. In: Deutsche Volkszeitung, 10.10.1974
HEISSENBÜTTEL, HELMUT / LEHNER, HORST T.: Der Autor im Gespräch. Alfred Andersch: «Gedankenspiel in den Ardennen...». Süddeutscher Rundfunk, 29.11.1974
HITZER, FRIEDRICH in: Kürbiskern, H. 2, 1975, S. 120–134
KOEPPEN, WOLFGANG / AMÉRY, JEAN: Die Leute von Winterspelt. Zwei Variationen zu einem Roman. In: Merkur. Stuttgart, 28. Jg. 1974, Nr. 319, S. 1175–1182
KRÖLL, FRIEDHELM: Winterspelt: Bauhaus, Polyphonie. In: Zu Alfred Andersch. Hg. v. VOLKER C. WEHDEKING. Stuttgart 1983, S. 66–76
MÜHLETHALER, STEPHEN: Alfred Anderschs ‹Winterspelt›. Diss. Zürich 1979
REINHOLD, URSULA in: Weimarer Beiträge, 23. Jg. 1977, H. 2, S. 136–143
SCHERPE, KLAUS R.: «Dieses Gefühl einer Lücke». Neue Romane von Christa Wolf, Alfred Andersch und Peter Weiss als Muster antifaschistischer Literatur der Gegenwart. In: Antifaschistische Literatur Bd. 3. Hg. v. LUTZ WINKLER. Königstein 1979, S. 227–253
SCHÜTTE, WOLFRAM: Sachbuch oder Denkweisen im Möglichkeitsfall. In: Frankfurter Rundschau, 12.10.1974
SCHULZ, MAX W.: Mehr als «polyphon umgrenztes Weiß». In: Sinn und Form.

Nr. 6, 1976 [auch in: Zu Alfred Andersch. Hg. v. VOLKER C. WEHDEKING. Stuttgart 1983, S. 57–65]

r) Zu *artikel 3 (3)*

ABENDROTH, WOLFGANG in: Rote Blätter, April 1976
AMÉRY, JEAN / ANDERSCH, ALFRED / FETSCHER, IRING in: Literaturmagazin, Südwestfunk Baden-Baden, 3. Programm, 13.3.1976
BENDER, HANS: Alfred Andersch und das liberale Unverständnis. In: Deutsche Volkszeitung, 18.3.1976
HALL, PETER C. in: epd / Kirche und Rundfunk. Nr. 7, 28.1.1976 und Nr. 21, 17.3.1976
LODEMANN, JÜRGEN: Für die Freiheit einer Literatursendung. In: epd / Kirche und Rundfunk. Nr. 12, 14.2.1976
RÜHLE, GÜNTHER: Artikel 3 (3) oder: Was sagt Alfred Andersch? In: Frankfurter Allgemeine Zeitung, 9.2.1976
STUMM, REINHARDT: Alles unter den Teppich kehren! In: Stuttgarter Zeitung, 23.4.1976
WERTH, WOLFGANG: «Eine gehässige Schmähschrift». In: Süddeutsche Zeitung, 23.1.1976
ZEHM, GÜNTER: Mein Gott, Alfred! In: Die Welt. Hamburg, 13.1.1976
ZIMMER, DIETER E.: Anatomie einer Affaire. In: Die Zeit, 19.3.1976
ZWERENZ, GERHARD in: Rote Blätter, April 1976
[Dokumentation in:] Das Tintenfaß. Zürich, 12. Jg. 1976, S. 265–297

s) Zu *Öffentlicher Brief an einen sowjetischen Schriftsteller*

BÖLL, HEINRICH: Der fragende Reporter. In: Die Zeit, 1.4.1977
HEISSENBÜTTEL, HELMUT: Moral und Vergnügen. In: Deutsche Zeitung. Bonn, 14.10.1977
HITZER, FRIEDRICH: «Insel des Verstehens im Ozean der Feindschaft». In: Kürbiskern. Nr. 4, 1978, S. 146–156
MAISEL, KIRTI M.: Alfred Andersch – die Mobilisierung des Geistes. In: Rote Blätter. Bonn, Nr. 12, 1977
SIMONOW, KONSTANTIN: Offenheit gegen Offenheit. In: Die Zeit, 28.10.1977 und 4.11.1977 [Auch in: A. A. – K. S., Ein Briefwechsel. Berlin (DDR) 1978]
SIMONOW, KONSTANTIN: Ohne Teilnahme der Intelligenz kann ich mir die Revolution und die Entwicklung unserer Gesellschaft nicht vorstellen. In: Deutsche Volkszeitung. Düsseldorf, 10.11.1977

t) Zu *Einige Zeichnungen*

HEISSENBÜTTEL, HELMUT: Moral und Vergnügen. In: Deutsche Zeitung. Bonn, 14.10.1977

u) Zu *empört euch der himmel ist blau*

HEISSENBÜTTEL, HELMUT: Moral und Vergnügen. In: Deutsche Zeitung. Bonn, 14.10.1977
MAISEL, KIRTI M.: «die wahrheit ist konkret». In: Deutsche Volkszeitung. Düsseldorf, 30.3.1978
WEHDEKING, VOLKER C.: Der Sinn für wildes Blühen. In: Kürbiskern. H. 3, 1980, S. 123–138

v) Zu *Der Vater eines Mörders*

HITZER, FRIEDRICH: Fragmente zu einem großen Plan. In: Kürbiskern. H. 1, 1981, S. 99–113

KESTING, HANJO: Ein autoritärer Anarchist. In: Der Spiegel, 18. 8. 1980

REINHOLD, URSULA: Alfred Andersch: Der Vater eines Mörders. In: Weimarer Beiträge. H. 2, 1982, S. 141–148

SCHIRNDING, ALBERT VON: Es lohnt sich, Franz Kien zu loben. In: Merkur. Stuttgart. 35. Jg. 1981, H. 3, S. 329–334

w) Zu den nachgelassenen und postum erschienenen Schriften

BENDER, HANS: Wie Alfred Andersch anfing. Drei Erzählungen aus dem Nachlaß. In: Süddeutsche Zeitung, 11. 2. 1987

GRIMMINGER, ROLF: Andersch: Der junge Mann. In: Die Zeit, 10. 4. 1987

REINHOLD, URSULA: Anmerkungen zu einem Hans-Beimler-Fragment von Alfred Andersch. In: Sinn und Form. 36. Jg. 1984, H. 3, S. 640–646

SCHÜTZ, ERHARD: Heimatfront oder Der Krieg wird nie aus sein. Drei frühe Erzählungen von Alfred Andersch. In: Frankfurter Rundschau, 10. 10. 1981

WEHDEKING, VOLKER C.: «Erste Ausfahrt». Überraschendes vom jungen Andersch. In: Neue Rundschau. 92. Jg. 1981, H. 4, S. 129–144

x) Zu den Hörspielen

SCHWITZKE, HEINZ: «Alfred Andersch». In: Reclams Hörspielführer. Stuttgart 1969, S. 36–39

y) Zu *Texte und Zeichen*

ENZENSBERGER, HANS M.: Was die Deutschen leider nicht lesen wollten. Zum Reprint der von Alfred Andersch 1955–1958 herausgegebenen Zeitschrift. In: Die Zeit, 2. 2. 1979

Marbacher Magazin Nr. 17, 1980. ‹Texte und Zeichen›. Bearbeitet von THOMAS SCHEUFFELEN

ORTHEIL, HANNS-JOSEF: Vom «jungen» Deutschland der fünfziger Jahre. Überlegungen zu Alfred Anderschs Zeitschrift «Texte und Zeichen». In: Merkur. Stuttgart. 34. Jg. 1980, H. 10, S. 1027–1036

z) Zum Briefwechsel mit Arno Schmidt und zu den Briefen an die Mutter

GARDEIN, UWE: Arno Schmidt und Einer seiner Bewunderer. Zum Briefwechsel mit Alfred Andersch. In: Kürbiskern. H. 4, 1986, S. 99–109

GÖTZE, KARL-HEINZ: Eigenschaften der Verlierer. In: literatur konkret. H. 10 1985/86, S. 80–82

KRAMBERG, K. H.: Als ob ich dich ändern könnte. Alfred Andersch an seine Mutter – Arno Schmidt im Briefwechsel mit Alfred Andersch. In: Süddeutsche Zeitung, 15. / 16. 2. 1986

MCLAUGHLIN, DONAL: Eine besondere Freundschaft. Briefwechsel zwischen Alfred Andersch und Arno Schmidt. In: Tages-Anzeiger. Zürich, 9. 12. 1985

SCHÜTTE, WOLFRAM: Solitär & solidarisch. Der Briefwechsel Arno Schmidt / Alfred Andersch: Portrait einer Freundschaft gegen die Restauration. In: Frankfurter Rundschau, 18. 1. 1986

Danksagung

An dieser Stelle möchte ich allen danken, die mit Rat und Tat dazu beigetragen haben, daß die vorliegende Monographie geschrieben werden konnte. Mein Dank geht vor allem an Herrn Professor Martin Andersch und an Frau Susanne Andersch, die mir ihre Zeit für Interviews opferten, an die Herren Paul Assall und Klaus Figge vom Südwestfunk Baden-Baden, die mir ihre Materialien zur Verfügung stellten, und an Herrn Dr. Manfred Franke vom Deutschlandfunk, ohne dessen Hinweise und Unterlagen ich vieles übersehen hätte. Ferner möchte ich mich bedanken bei Herrn Dr. Otto Gritschneder für die Auskünfte, die er mir gewährte, bei den Mitarbeitern des Süddeutschen Rundfunks und der Schweizerischen Radio- und Fernsehgesellschaft für ihre freundliche Hilfe und schließlich beim Deutschen Literatur-Archiv in Marbach für die Erlaubnis, den Nachlaß von Alfred Andersch einzusehen. Großen Dank schulde ich auch Britta Laws und Gabriele Gockel für ihre Hilfe in Theorie und Praxis.

Namenregister

Die kursiv gesetzten Zahlen bezeichnen die Abbildungen

Über den Autor

Bernhard Jendricke, Jahrgang 1955, studierte in München und West-Berlin Germanistik, Philosophie, Geschichte und Rechtswissenschaften. 1981 Promotion zum Dr. phil., danach wissenschaftlicher Mitarbeiter am Institut für Deutsche Philologie der Universität München. Veröffentlichungen zur Geschichte der Satire und zur Literatursoziologie.

Quellennachweis der Abbildungen

SV-Bilderdienst: 6, 8, 43 o. re.
Bernhard Jendricke: 9, 21
Martin Andersch: 11, 12, 13, 15, 17, 20, 33, 35, 38, 50, 55, 119, 122, 123, 125
Gisela Andersch: 16, 22, 34, 37, 86, 91, 92, 94, 97, 112
Ullstein-Bilderdienst: 18, 19, 43 u. li., 43 u. re., 59, 110, 111
Thomas Mann-Archiv, Zürich: 32
Rilke-Archiv, Frau Ruth Fritsche-Rilke: 31
Aus: «Der Ruf», 1, 1947, Nr. 11: 41
Jack Caufield: 43 o. li.
Barbara Niggl: 51
Photo Jacques Robert: 56 o.
Gallimard: 57
Gisèle Freund: 56 u.
Aus: Marbacher Magazin 17/1980, «für Alfred Andersch»: 52, 61, 70, 74, 75
Aus: «...ein neues Hamburg entsteht...», Hamburg 1986: 71
Aus: Arno Schmidt, Der Briefwechsel mit Alfred Andersch: 73
Nova-Film: 83
Deutsches Institut für Filmkunde: 88
Aufbau Verlag: 104
Diogenes: 105
Diapress: 118
Horst Tappe: 98
Sophie Bassouls: 121

Alfred Andersch
im Diogenes Verlag

Literatur

rororo bildmonographien

Ein Gesamtverzeichnis der
Reihe *rowohlts mono-
graphien* finden Sie in der
Rowohlt Revue. Jedes
Vierteljahr neu. Kostenlos.
In Ihrer Buchhandlung.

Literatur

rowohlts monographien mit Selbstzeugnissen und Bilddokumenten. Begründet von Kurt Kusenberg, herausgegeben von Wolfgang Müller.

Eine Auswahl:

Franz Kafka
dargestellt von
Klaus Wagenbach
(091)

Heinar Kipphardt
dargestellt von Adolf Stock
(364)

David Herbert Lawrence
dargestellt von
Richard Aldington
(051)

Gotthold Ephraim Lessing
dargestellt von
Wolfgang Drews
(075)

Jack London
dargestellt von Thomas Ayck
(244)

Molière
dargestellt von
Friedrich Hartau
(245)

Marcel Proust
dargestellt von
Claude Mauriac
(015)

Ernst Rowohlt
dargestellt von Paul Mayer
(139)

Friedrich Schlegel
dargestellt von Ernst Behler
(014)

Thomas Bernhard
dargestellt von Hans Höller
(504)

Anna Seghers
dargestellt von
Christiane Zehl Romero
(464)

Theodor Storm
dargestellt von
Hartmut Vinçon
(186)

Jules Verne
dargestellt von Volker Dehs
(358)

Oscar Wilde
dargestellt von Peter Funke
(148)

Émile Zola
dargestellt von Marc Bernard
(024)

Stefan Zweig
dargestellt von
Hartmut Müller
(413)

rororo bildmonographien

Ein Gesamtverzeichnis der Reihe *rowohlts monographien* finden Sie in der *Rowohlt Revue*. Jedes Vierteljahr neu. Kostenlos in Ihrer Buchhandlung.

4505//3a